VAKTİDOLU

ALEVİ DUALARI GÜLBANGLARI

can yayınları - 200

2024

VAKTİDOLU

ALEVİ DUALARI GÜLBANGLARI

CAN YAYINLARI
200

Can Yayınları
Ali Adil ATALAY- Vaktidolu

Hubyar Mah. Cemal Nadir Sk.
Büyük Milas Han No: 24 Cağaloğlu Fatih/İST.
Tel: (0212) 528 36 09
Cep Tel: (0532) 294 42 83
Web sayfamız: www.canyayinlari.com.tr
Email: vaktidolu@yahoo.com.tr

Birinci Basım: Ekim 2003 (1000 Adet)
İkinci Basım: Ekim 2005 (1000 Adet)
Üçüncü Basım: Temmuz 2007 (1000 Adet)
Dördüncü Basım: Ekim 2008 (2000 Adet)
Beşinci Basım: Eylül 2011 (3000 Adet)
Altıncı Basım: Haziran 2015 (2000 Adet)
Yedinci Basım: Ağustos 2018 (1000 Adet)
Sekizinci Basım: Ekim 2021 (1000 Adet)
Dokuzuncu Basım: Mart 2024 (1000 Adet)

ISBN:978-975-6358-00-9

Sertifika No: 44592

Ticari Sicil No:220790/168348

Matbaa Sertifika No: 45750

Basım: BERDAN MATBAACILIK
Güven Sanayi Sitesi C Blok No: 215–216
Topkapı – İstanbul
(0212) 613 12 11 – 613 11 12

Kapak Tasarımı
Evren Atalay

Dizgi
Semra Askeri

İÇİNDEKİLER

Aleviler'in Cem ve Cemaatlarinde Okunan Dua'lar Gülbang'lar Deyişleri ve Düvazları

“Aşkım neşem varlığım
Ahdım ile ikrarımdır
Her işimde öz nefsime
Hakim olan vicdanımdır.”

“Gayemiz doğruluk mertlikle ölmek
Namerttir söz verip sözünden dönmek
Çok çalış doğru ol çünkü sonunda
Götüre bilirsek bir kolsuz gömler”

Az, Öz, Söz

"Dert gezer derman gezer, itikattadır nazar."

Gülbang Dua: Yüce Tanrı kullarından "**Salat (DUA)**" edin, "Rabbinize boynu bükük gizlilik içinde **DUA** edin." (Araf 55) Bu duyuru kimileri için namaz, niyaz, naz olarak yaşatılmıştır. Yüce Tanrı: "**Siz otururken, uzanırken, yürürken, binek üstünde giderken ve çalışırken yakarır, DUA'nızı yapabilirsiniz**," der.

Yüce Tanrı'nın kullarına "**Ne isterseniz alırsınız**" demesi gibi, kulların da **DUA** ile yaratıcısına yaklaşması ne güzel olur.

Her muhtaç olan, kendinde olmayanı olanından ister. "**Ağlamayana meme yok!**" misali, kullar da; kilisede, havrada, sinegokda, camide, cemevlerinde yaratıcılarına kendi lisanları ile yakarır, **DUA** eder.

Alevi-Bektaşiler de kendi lisanları ile cemevlerinde, iş yerlerinde, meskenlerinde, yakarır ve **DUA** ederler.

Zalimlerin zulmünden Anadolu'nun dağlarına kaçıp gizli, koruyucu yerlerine yerleşip, yobazların şerrinden korunmak için de ibadethanelerine kapıcı (bekçi) koyup gizli gizli ibadetlerini, **DUA**'larını, **gülbang**'larını yapmışlardır. İbadetin özü olan **DUA**'ları her ocağın dedesi, her bölgenin veya yörenin rehberi, piri, mürşidi yakarışını gönülden geldiği gibi söylemiş, onun için birbirinin benzeri olan **DUA**'lar çeşitli pirler, mürşitler tarafından ezberlenip söylenegelmiştir.

(Kaf Suresi 16. Ayet)

"Ben size şah damarınızdan daha yakınım."

Demek ki, Tanrı ile kul iç içe bir özdür. Zaten tüm varlıkların birleşimi Tanrı olduğuna göre, demek Tanrı'dan başka hiçbir şey yok.

(Mucadile Suresi 7. Ayet)

"Üç kişi bir araya gelirse, dördüncüsü benim. Dört kişi bir araya gelirse, beşincisi benim."

İşte Alevilik'te;

"İnsan çok büyüktür abul hiç gelir, abul etsen Hakk'tan bana suç gelir." Denildiği gibi, insanın tarifi mümkün değildir. Çünkü vahdeti vücut görüşünde insanı kâmil olanlar Tanrı'nın yeryüzündeki görüntüleridir.

Hünkâr Bektaş-I Veli:

Yaşantıyı kısaltmış, üç kategoriye sığdırmış:

"1- Eline, Diline, Beline

2- İşine, Aşına, Eşine

3- Sözüne, İzine, Özüne, Sahip ol" demiş.

Hz. Muhamamed:

"İlimi nerede bulursanız alınız, o müminin mirasıdır."

Şah'I Merdan Ali:

"İlim Çin'de de olsa arayın, bulun, alın."

Hünkâr Bektaş-I Veli:

"İlimsiz gidilen yolun sonu karanlıktır."

Gazi Mustafa Kemal Atatürk:
"En büyük mürşit ilimdir" demiş.

İşte, bilgi ile düşünmek, hayırlı bir iş icat etmek en büyük ibadet ve **DUA**'dır. Çok uzatmadan Kur'an'da olan dualardan başlayıp, pirlerin, mürşitlerin, aşıkların cemlerde yaptıkları **DUA**'lara devam edeceğiz. Nasıl ki, peygamberlere **vahy** gelir, velilere, aşıklara da **ilham** gelir. Biz de Kur'an **DUA**'larından abul **ilham** gelen canların **DUA**'ları, beyitleri, düvazları ile başbaşa kalacağız. Kur'an'daki **DUA**'ları, kafiyeli şekilde **BEYİT** haline getirdim. Çünkü Alevilikte 157 bin aşık gelmiş, Ehl-I Beyt'I ve Kur'an'ın ayetlerini insanlığı didik didik etmiş, kendi lisanları ile halkına sunmuştur. Zaten tüm Alevi-Bektaşi canlar ibadetlerini hep onların beyitleri ile yapmışlardır.

Nitekim pir, mürşit, zakire **"al şu sazı eline birkaç ayet söyle bakalım"** der. Şimdi okurlarımın bu yapıtta çok şeyler bulacaklarından eminim. Saf gönülle, tatlı dille **DUA** edelim.

Doğrular Hakk'tan, noksanlar özümden; huzurlarınızdayım.

1960'lı, 1970'li yıllarda hiçbir yazar makale ve köşe yazılarında Alevi kelimesini yazmazken, 1985-1990'lı yıllarda Alevilik, yeni yetişen zalimlerin zulmünden patlamıştır.

Maraş, Çorum, Sivas, Gazi Mahallesi olayları olunca TV'lerde bile günlük olay haline geldi. Görsel yayın birden kutunun ağzını açtı. Öcü gibi görünen ismin altından 20-25 milyon Alevi çıktı. Çıktı çıkmasına da bunu kimisi gerçek kimliği ile kullandı, kimisi çıkarı, yükselmesi için araç yaptı. Her önüne gelen Alevi oldu. Aleviliği yazdı. Aleviliği yazanlar "biliyoruz" dediler. Aleviliği bilmekten çok yaşamak lazım. Bilenler unuttu. Yaşayanlar hâlâ yaşıyorlar. Yazanların kimi sordu çobana, kimi sordu bakana; ağızlarına ne geldiyse yazıldı. Neyse, yine de en azından bir tabu yıkıldı; Alevilik ismi öcülükten çıktı, eğer çıktı ise!..

Aleviliğin doğuşundan beri yazılı bir belgesi yoktur. Neden; çünkü hem kaleme gelmez, hem de o gün bu gün her gelen yönetim Emevi düşüncesinde olduğundan yasaklar bırakmamış, ya yazılmamış veya saklanıp çürütülmüş.

Şahsen, doğuştan âşık olup, Ehl-I Beyt aşkı ile yanmış kavrulmuşum. 1968 yıllarında cemiyet hayatına atıldım. O gün bugün karınca kararınca uğraşı veriyorum. Onlarca yapıt versem de, gönlümde **DUA**'ları bir araya devşirip bir yapıt yapmak istemiştim. Himmeti, hizmeti var olsun Adana'da **Derman Baba** Dr. Ö. Uluçay, **Dua Gülbang** diye kitap çıkarınca öylece durdum. Şimdiye kadar O'nun çıkardığı kitaplar firmamda sergilendi. Şimdi O'nun mevcudu bitince Can Yayınları'nın kitapları arasında bu boşluğu doldurmak amacı ile derlediğim ve derlenenlerden oluşturduğum bu yapıtı okurlarıma sunuyorum.

Bu yapıt ve bundan evvelki yapıtlarda birçok **DUA**'lar mükerrer görünse de hepsinde az çok değişiklikler vardır. Bu yapıtı daha da genişletilmiş olarak sizlere iletiyorum.

Doğrular Hakk'tandır. Yanlışlarımla okurların affına sığınır, en derin saygılarımı sunar, Hû! Derim.

Adil Ali Atalay Vaktidolu

27 Temmuz 2003

Hasan Hüseyin Çiftliği / Şekerpınar – Gebze

DUA

DUA, yerin göğün direğidir. **DUA**, bir şeyin talebidir. Yüce Tanrı "**ol**" dedi oldu, abul etti istediği vücut buldu.

Tanrı'nın kullarına tebliği vardır. **DUA** kulun Tanrısına varmasıdır. **DUA** ibadettir, ibadetin özüdür. **DUA** yapılırken bireysel değil, Tümlüğe (Gizliğe) yapılmalıdır. Çünkü tüm varlık zincirin halkası gibi birbirine eklidir. Zincirin biri çürürse öbürleri zedelenir.

"Çok istemeli Rabbinden; bir şey eksilmez onun rahmetinden, kudretinden, kereminden."

O vericidir, almadan vermek O'na özgüdür.

"DUA müminin silahıdır, dinin direği, göklerin ve yerin nurudur."

Dilin zekatı güzel sözlerle **DUA** etmektir. Daima iyi söz etmek, yanlışta olanlara da doğru yolu bulmaları için **DUA** etmek en doğrusudur. (Bakara Suresi 152. Ayeti)

"Siz beni anın, ben de abu anarım."

İşte Tanrı ile **DUA**, ibadet aracılığı ile konuşmak, anlaşmak oluyor. Biz ne istedik de O vermedi. İsa (A.S.) ne der: **"Vurun kapıyı açılacak, isteyin verilecek."** Mümin kişinin ibadeti daimdir. O ne zamana sığar, ne camiye, ne de cemevine. O Kürreyi Arza sığmamış, ama bir mazlumun gönlüne sığmıştır.

Hz. Muhammed:

"Bir saatlik tefekkür (düşünmek) 70 yıllık ibadetten makbuldür" demiş. Demek ki, bir kişinin ömrü bir saatlik düşünceye sığıyor.

Alevilik okulu insanları eğitip, geliştirip, aşka düşürüp ve Hakk aşkı ile pişirip, insanı kâmil yetiştirme okuludur. Cemde aşıklar, sadıklar, İnsanı Kâmiller yeryüzünde Tanrı'nın görüntüleridir derim. **Hz. Ali**'nin çok bilinen sözü ile bitirelim:

"Senin ilacın sende olduğu halde bilmiyorsun. İlletin de gene sende olduğu halde görmüyorsun. Sen kendini küçük bir cisim sanırsın. Halbuki büyük alem sende saklıdır, bilmiyorsun.

Sen öyle apaçık bir kitapsın ki, gizli olan şeyler o kitabın harfleri ile meydana çıkar okunur.

Sen vücutsun, senin harice ihtiyacın yok. Sende mevcut olan şeyler, kitaba gelmez. Kainat kitabında yazılı olan şeylerin hepsi senden çıkmıştır."

DUA, Tanrı ile kul arasını yaklaştırır, birleştirir. Tüm Kürreyi Arzda her ne varsa zerresi, doğası, nebatı, hayvanatı, gezegeni, galaksilerin hepsi Tanrı ile ibadette, yani **DUA'**dadır.

Tüm varlıklar birbirleriyle alış-veriştedir; hepsi birbiri etrafında döner, tevaf eder. Ve birbirlerinden sorumludurlar.

İşte o zaman tüm varlığın var olması lazımdır. Acı tatlıyı bildirir, soğuk sıcağı, uzun kısayı, şişman zayıfı, çirkin güzeli meydana getirir. Gece olmazsa ışığın değeri olmaz, yokluk olmazsa varlığın değeri olmaz. Hastalık olmazsa sağlığın değeri olmaz. Zalim de olmazsa mazlumun değeri olmaz. Hepsi birbirine borçludur.

Bu yüzden tüm varlığın yaşaması için **DUA** etmek gerekir. **DUA** da, her aşığa, arife, pire, mürşite gelen bir ilhamdır. O anda ne gelirse onu söyler.

Kur'an'ın muhtelif 93 ayetinde yakarma **DUA**'sı mevcuttur; bu eserde onları da bulacaksınız.(*)

---

*(*) **Fatiha** 1-2-3-4-5-6-7. Ayetleri*
***Bakara** 32-127-128-201-250-255-285-286. Ayetleri*
*Âl-I **İmran** 8-9-16-26-27-53-147-191-192-193-194. Ayetleri*
***En'am** 1. Ayeti*
***Ar'af** 23-43-89-126-151-155-156. Ayetleri*
***Yûnus** 85-86-101 Ayetleri*
***İbrahim** 38-40-41. Ayetleri*
***İsra** 80. Ayeti*
***Kehf** 1-10. Ayetleri*
***Taha** 25-28. Ayetleri*
***Enbiya** 87-89. Ayetleri*
***Müminûn** 28-29-94-97-98-106-109-118. Ayetleri*
***Furkan** 74. Ayeti*
***Şuara** 83-85-87-89. Ayetleri*
***Neml** 15-19-40. Ayetleri*
***Kasas** 16-17. Ayetleri*
***Sebe** 1-2. Ayetleri*
***Fatır** 1-34-35. Ayetleri*
***Saffaat** 100. Ayeti*
***Zümer** 46. Ayeti*
***Mümin** 7-9. Ayetleri*
***Ahkaf** 15. Ayeti*
***Haşr** 10-22-24. Ayetleri*
***Mümtehine** 4-5. Ayetleri*
***Tahrim** 8. Ayeti*
***Nuh** 28. Ayeti*
***Felak** 1-2-3-4-5. Ayetleri*
***Nas** 1-2-3-4-5-6. Ayetleri*

Alevilikte **DUA'larda**; nebiler, veliler, erler, evliyalar, aşıklar, sadıklar yüzü suyu hürmetine, On İki İmam, On Dört Mahsuman yüzü suyu hürmetine diye **DUA** edilir.

Bunun nedeni; Adem Ata cennetten kovulunca, Cebrail gelir, "**Ya Adem günahlarından arınman için pençei Ali Aba'yı an, Onların yüzü suyu hürmetine de ki, Tanrı seni affetsin**" der. (Bakara Suresi 37. Ayet)

Yakup'un çocukları Yusuf'a yaptıkları kötülükten dolayı Tanrı'dan af dilerken; "**Yüce Tanrı, Babamız Yakup, kardeşimiz Yusuf'un yüzü suyu hürmetine bizi bağışla**" dediler. (Yusuf Suresi: 97-98. Ve Maide: 35. Ayet)

Hz. Muhammed'I Uhud Savaşı'nda müşrikler öldürmek üzere bir çukura düşürürler. "Sahabeyim" diyenler kaçar saklanırlar. Dişi de kırılan Hz. Muhammed bir türlü çukurdan çıkamayıp zor durumda kalınca, Tanrı'ya müracaat eder.

Cebrail gelir, **"Ya Muhammed Ali'yi çağır"** der.

Hz. Muhammed, **"Ali çok uzaklarda"** der.

Cebrail; "**Ya Muhammed sen çağır, O duyar**" der.

Hz. Muhammed, **"Yetiş ya Ali"** der. Anında Hz. Ali yetişip, Cenabı Resulü çukurdan çıkarır, kurtarır, düşmanı dağıtır.(*)

Hz. Muhammed, Şam seferine gider. Hz. Ali'yi yoldan geri gönderir. "**Benim yerime Medine'yi idare et**" der. Şam'da İslam askeri ile küffar askerleri savaş ederler. İslam ordusunda, Resulün amcası Abbas ile Halit gelip Resula; "**İslam ordusu bozulmuştur. Ya Resulullah Ali'yi çağır**" derler.

(*) Öztoprak Halil Kur'an'da Hikmet Tarihte Hakikat, Can Yayınları, İst. 4. Basım, 1990.

Hz. Ali Medine'de bir bahçede hurma ağacının başındadır. Hz. Fatima, Hasan, Hüseyin hurmanın altındadırlar. Resulullah, "**Ya Ali abul**" diye ünler. Anında "**Buyur ya Resulullah**" diye cevap verir. Gelir orduyu düzeltir, küffarı yener, İslam ordusunu kurtarır. (*)

İnsan'I Kâmilin dediği gibi:

"Hak Teâlâ intikamın kendi adıyla alır.
Bilmeyen İlmi Ledun'u bunu kul yaptı sanır.
Bütün eşya Halik'indir kul eliyle işlenir.
Emri bari olmayınca sanma ki dal deprenir."

İşte kul kuldan yararlanır. Onun için yüce kişiler vasıta edilir.

Gene deriz ki!.. Nebiler, veliler, aşıklar, sadıklar, bağrı yanıklar, erenler, evliyalar yüzü suyu hürmetine yüce Tanrı cümlemizi muhafaza etsin. Allah Allah, eyvallah Hû!..

Can Yayınları-Cağaloğlu / İstanbul

(*) *Öztelli Cahit, Bektaşi Gülleri, Özgür Yayın Dağıtım, İst. 2. Basım, 1985*

KUR'AN'DAKİ DUALAR
VE
YASİN İLE NUR SURELERİ

FATİHA (Açılış) SURESİ

(5/1. Sure) 7 Ayetine Dua:

Esirgeyensin **Tanrı**'ım, bağışlayansın **Tanr**'ım
Senin adınla açar, senle ağzım kaparım

Sen âlemler **Rab**'bisin, asla yoktur şüphemiz
Yaratılmış ayrılmaz, inanırız hepimiz

1- Sevici[1] hem aşk veren[2], **Yüce Tanrı** adıyla
2- Hamdolsun Kâinatın **Rabbi** olan **Tanrı**'ya **(B)**

3- O sevici aşk verir[3]. (İnanın **Hakk**'a tapın.) **(B)**
4- İnançla bakılan gün sultanıdır varlığın **(D)**

*1- **Rahman:** Sevici(Tüm tefsirci ve hadisciler bu surenin **Ehl-I Beyt** hakkında olduğunda mütabıktırlar. Birinci ayetin ilk harfi "**Ba**" tüm ayetlerin manasını üzerinde toplamıştır. O da Ba'nın altında ki noktada toplanır. **O** da **Hz. Ali**'dir nitekim **Sıffin** harbinde **Muaviye Kur'an**'ın sayfalarını süngünün ucuna takıp hileyi yaptığı vakit **Hzi Ali O Kur'an**'I **samittir ben Kur'an'I Natıkm Yani ben canlı Kuran'ım** dedi ise de bozuk ervah inanmadı.*
*2- **Rahiym:** Aşırı sevgi gösteren aşk veren*
*3- **Yevmiddin:** İnanç ile bakıldığı gün Zaman)*

5- Sade sana ederiz, kulluğu ibadeti
Ancak senden dileriz. Yardımı inayeti (D)[4]

6- Hidayet eyle bize. Sen ilet doğru yola. (B)
7- Nimete gark ettiğin o kulların yoluna (B)

Kendilerine gazap etmediğin kullara
Karanlık şaşkınlığa sapmamışlar yoluna.

(Düşürme bizi dar'a, yanlışlıkta bırakma
Güzel nimet sun bize. Karanlıklara sokma)[5]

4- İmam Cafer-I Sadık buyurur: "Bize doğru yolu göster" doğru yolda maksat İmam Ali'ye bağlılıktır. İkincisi ahirettir bğlı olanlar ***kurtulur, olmayanlar düşerler.***

5- ***6. Ve*** *7. Ayetler hakkında* ***İmam Cafer-I Sadık***
Şöyle buyurmuştur ***"Tanrı****'nın nimete erdirdikleri* ***Hz. Muhammed*** *ve* ***Ehl- Beyt****'idir. Gazaba uğrayanlar* ***İmam Ali****'nin hakkını gasbedenlerdir.*

BAKARA (İnek) SURESİ 255. AYET

(92/2. Surenin) 255. Ayetidir:

AYETEL KÜRSİ

Esirgeyensin **Tanrı**'m, bağışlayansın **Tanrı**'m
Senin adınla açar, Senle ağzım kaparım

Sen alemler **Rabb**'isin, asla yoktur şüphemiz
Yaratılmış ayrılmaz, inanırız hepimiz

O öyle bir yücedir, O'ndan başka **Tanrı** yok
O hem **Hayy**'dır hem diri, eşi ve benzeri yok

Kayyum'dur ki kaynak bol, kudreti bol yüce ol
Asla gaflette olmaz, kendinde kudreti bol

Uyku bilmez uyumaz, asla kendinden geçmez
O kendinden kudretli, hem yemez hem de içmez **(D)**

Tüm cihanda ne varsa, cümle varlık O'nundur
Arş kürsü, yerle gök, tüm varlıklar doludur

Her şey huzurundadır, başka kimse bakamaz
O'nun izni olmadan, kimse yardım yapamaz

O tüm insanoğlunun, önden gönderdiğini
Hepsini bilen O'dur, sonradan gelenini

İnsanlar hayatında, ne bilseler O'nundur
Görüp bilecekleri, tüm bilgiler O'nundur

O'nun dilemediği, asla bir şey yapılmaz
Eğer O onadıysa, eğri yola sapılmaz

O'nun abu olmadan, kul hiçbir şey yapamaz
Her şeyi korumuştur, başkası koruyamaz

O'nun kürsüsü vardır, yeri göğü kuşatmış
Yerin göğün binasın, "ol" diyerek yaratmış

Cümle varlık muhtaçtır, yalnız koruyucu O
O'na bir şey zor gelmez, cümleye kadirdir O

Aliy'dir O, âlâdır, yüceliği sınırsız
Azim'dir O, büyüktür, büyüklüğü sınırsız[1]

---

*1- **İmam Cafer-I Sadık** buyurdu ki: "Onun izniyle şefaat edecek olanlar bizleriz"*

BAKARA (İnek) SURESİ
(92/2.Surenin)32-127-128-201-250-285-286. Ayetleri:

Esirgeyensin **Tanrı**'m, bağışlayansın **Tanrı**'m
Senin adınla açar, Senle ağzım kaparım

Sen alemler **Rabb**'isin, asla yoktur şüphemiz
Yaratılmış ayrılmaz, inanırız hepimiz

Senin şanın çok yüce, verip var eden Sensin
Bilgiyi varı yoğu bize öğreten Sensin

Öğrettiğinden başka, hiç bilgimiz olur mu (D)
Sensiz verilen hayat asla huzur bulur mu

Yalnız Sen **Âlîm**'sin, her şeyleri bilensin
Tüm varlığa **Hakîm**'sin, hikmetlere sahipsin

Yüce Tanrım ne olur, niyazımız abul et
Bizleri koruyarak, halimizi makbul et (D)

Semî'sin hem açıksın, söylemeden duyarsın
Alîm'sin her halimiz, hiç bakmadan bilirsin

Yüce Tanrım! Bizleri, sana bağlı iyi kul
Teslim olmuş bir insan, doğru yolu bize bul

Soyumuzdan da sana, teslim olan bir ümmet
Hem inanan hem insan, tabi oldu nihayet

Şeklin göster yapalım, bizler ibadetimiz
Yerlerimizi göster, olsun ora tertemiz

Tövbemizi yapalım, sana da el açalım
Biliriz ki cömertsin, kevserinden içelim

Kabul et tövbemizi, Sen evet Sen **Tevvab**'sın
Tövbeleri affeden, yüceden yüce **Rab**'sın

Çünkü rahmani Rahim olan yüce Tanrı'sın
Cömertlerin cömerdi, rahmetini yayarsın

Yüce **Rab**'bimiz bize, dünyada esenlik ver
Mahrum koma kulunu, ahrette güzellik ver

Bizi ateşten koru, göster Sen doğru yolu
Kabir narından koru, yol olsun gerçek yolu

Yüce **Tanrı**'m sabırı, biz kullarına yağdır
Üstümüze geleni, lütfunla boşa kaydır

Ayağımızı yere, nazar kıl sağlam bastır
Ve küfre sapanlara, yardım et elin kaldır (D)

Dinledik boyun eğdik affet bizi ey Tanrı
Dönüş yalnız Sanadır, Senden değiliz ayrı[1]

---

*1- **Resulullah** buyurdu ki: "Göğe çıktığımda **Yüce Tanrı** şöyle buyurdu: Ya **Muhammed** sana ve **Ali**'ye İsimlerimden bir isim verdim ismim zikredildikçe siz de zikrolunuyorsunuz. **Mahmud benim, Muhammed** sensing **Alüyy'yül –A'la** benim, kendisi de yüce olan **Ali**'dir. **Ey Muhammed!** Seni, **Ali, Fatıma, Hasan** ve **Hüseyin'**i nurumdan nur gölgeleri olarak yarattım. Sonra sizlerin velayetinizi göklere ve iki yer yüzüne sundum. Kim sizing velayetinizi Kabul etti ise zafere ulaştı. Kim ki inkâr ettiyse delalete küfre sapmış oldu."*

Tanrı gücünden fazla, kimseye yük yüklemez **(D)**
Değil ki yük yüklemek, benlik bile iletmez

Her benliğin yaptığı, iyilik kendinedir
Tabi ki kötülükler, hepsi aleyhinedir **(D)**

Ey **Rab**'bimiz! Unutup bizler hata edersek
Senin emrinden çıkıp, başka yola gidersek

Biz günahkâr kulları, nolur sorguya çekme
Ekileni biçtirip, boyunlarımız bükme

Bizden öncekilere yüklemiştin ağır yük
Bizleri uyar, önce kulaklarımızı bük

Ey **Rab**'bimiz bilirsin, bizim gücümüz yetmez
Güç yetmeyen şeyleri, verme kulun götürmez

Bizi hoş gör bağışla, esirge acı bize
Rahmetin bol biliriz, rahmet eyle Sen bize

Sen bizim **Tanrı**'mızsın, getir bizleri dize
Küfre sapanlar için, nolur yardım et bize...

ÂL-I İMRAN (İmran'ın Ehl-I Beyt'i) SURESİ (94/3. Surenin) 8-9-16-26-27-53-147-191-192-193-194. Ayetlerinin dua kısımları:

Esirgeyensin **Tanrı**'m, bağışlayansın **Tanrı**'m
Senin adınla açar, Senle ağzım kaparım

Sen alemler Rabbisin, asla yoktur şüphemiz
Yaratılmış ayrılmaz, inanırız hepimiz

Ey yüce **Tanrım,** bizi yöneltirsin doğruya
Hem güzellik verirken kaptırırsın uğruya

Kalplerimizi bozup, eğri kalp verme bize
Katından bir rahmet ver bağışla hepimize

Sen rahmani **Rahim**'sin, kaldır zulmü kulundan
Sen yalnız Sen **Vahhab**'sın, bizi götür yolundan

Bağışta bulunansın, bol bol bağışla bizi
Doğru yolunda sakla, affeyle hepimizi

Ey **Tanrı**'mız Sen bir gün toplarsın kullarını
Toplayansın bilirsin, Sen insan hallerini

İnsanları var iken kuşku olmayan günde
Toplayacaksın mutlak **Tanrı** sözü hep önde **(D)**

Tanrı'nın adaleti zerre kadar hiç bitmez
Sözleri hep gerçektir, asla yanlışa gitmez

Yüce **Tanrı**'m biz sana, kuşkusuz inanmışız
Bizi günahtan koru, biz Sana bağlanmışız

Ateşinden esirge azabından Sen koru
Seni seven canlara sen göster doğru yolu

Ey tüm mülkün Malik'i, sahibi olan **Tanrı**
Dilediğin verirsin sanatı mülkü malı

Hem verirsin alırsın mülkü, hem saltanatı
Dilersen yüceltirsin, yok edersin hayatı

Diler rezil edersin, diler aziz edersin **(D)**
Tüm imkânlar elinde, nimete garkedersin **(D)**

Sen her şeye kadirsin, küllü eşya elinde
Bizleri bahtiyar et, Senin güzel yolunda

Sokarsın sen gündüzün içine geceleri
Sokarsın gecelerin içine gündüzleri

Diriyi ölülerden çıkarırsın ya **İlah**
Ölüyü dirilerden çıkarırsın ya **İlah**

Dilediğine bol bol hesapsızca verirsin
Rızıklandırırsın Sen, rızkı bolca verirsin

Ey yüce **Tanrımız!** Biz, şükrettik verdiğine
İman ettik Resül'e, Senin indirdiğine

Uyduk senin emrine, gerçeğinle bizleri
Tanıklarıyla bir et, beraber yaz bizleri

Onlar bu halde iken, dediler ki **Tanrı**'ya
Ya **Rabbi!** Suç, taşkınlık ne yaptıksa bağışla

Dayanma güç ver bize, direnmeye et himmet
Küfre karşı durmaya yüce **Tanrı** yardım et

Ey yüce **Tanrımız!** Sen, yaratmıştın nurundan
Şanın yücedir Senin, koru bizi narından

Tanrımız! Sen bunları boş yere yaratmadın
Ulu yüce Tanrı'sın arı pak Senin adın

Kimi ateşe atsan, ona azaplar çoktur **(D)**
Zalim olan kimseye, zaten yardımcı yoktur

Tanrımız! İşittik ki, biri bağırıyordu
"Hakk'a inanın" diye bizi çağırıyordu

İman getirdik Sana, bağışla suçumuzu
Doğru olanlarla al, göçerken ruhumuzu

Ya **Rabbi!** Sun bizlere, vad etti yalvaçların
Kıyamet günü rezil etmeyip bağışlayın

Resul ümmetim dedi, sizler affediciler
İlah, yalvaç sözünden, dönmezler direnirler

EN'AM (Ehli hayvanlar) SURESİ

(55/6. Surenin) 1. Ayetinde Dua:

Esirgeyensin **Tanrı**'m, bağışlayansın **Tanrı**'m
Senin adınla açar, Senle ağzım kaparım

Sen alemler Rabbisin, asla yoktur şüphemiz
Yaratılmış ayrılmaz, inanırız hepimiz

Hamdolsun o **Tanrı**'ya, yeri göğü yarattı
Hem verdi karanlığı, ışıkla aydınlattı **(D)**

Hakk'ı inkâr eyleyen, sonra o inkârcılar
Taptıkları ne ise **Rab**'be ortak tuttular

A’RAF (Tanınanlar) SURESİ

(39/7. Surenin 23-43-89-126-151-155-156. Ayetlerindeki Dua:

Esirgeyensin **Tanrı**’m, bağışlayansın **Tanrı**’m
Senin adınla açar, Senle ağzım kaparım

Sen alemler Rabbisin, asla yoktur şüphemiz
Yaratılmış ayrılmaz, inanırız hepimiz

Ey yüce **Tanrım,** bizler zulmettik kendimize
Affet bizi Yaradan, gelelim kendimize

Acımazsan Sen bize, helak olur gideriz
Kendimizi hüsrana uğramıştan ederiz

Hamdolsun ki **Tanrı**’ya, biz buraya ulaştık
Kılavuz olmasaydı, bizler ulaşamazdık

Sen ulusun **Tanrı**’mız, hükmedensin yücesin
Toplumca aramızı düzeltirsin çözersin

Asla şek şüphemiz yok, çözüm yolu elinde
En hayırlısı Sensin, her dem Sensin dilimde

Ey **Rabbimiz!** Bizlerin cümlemize ver sabır
Rahmetin boldur Senin, rahmeyle sabır yağdır

Bize masum can verdin, onu temizle durult
Alırken canımızı, verdiğin gibi arıt

Rabbim bağışla beni ve hem kardeşimizi
Rahmet edenlerdensin, rahmetine sok bizi

Sen bizim Velimizsin, o halde affet bizi
Affetmekte yücesin, affedip kurtar bizi

Bize iki cihanda, ver iyilik güzellik
Ahirette dolaşıp, dönüp biz Sana geldik **(D)**

Yûnus (Hz. Yûnus) SURESİ

(51/10. Surenin) 85-86. Ayetlerindeki Dua:

Esirgeyensin **Tanrı**'m, bağışlayansın **Tanrı**'m
Senin adınla açar, Senle ağzım kaparım

Sen alemler Rabbisin, asla yoktur şüphemiz
Yaratılmış ayrılmaz, inanırız hepimiz

Yüce **Rabbimiz!** Bizi, zulüm ehlinden yapma
Zulüm ehline bizi, sınav aracı yapma (B)

O küfre sapmış olan, toplumdan rahmetinle
Bize elini uzat, kurtar Sen himmetinle

İBRAHİM (Hz. İbrahim) SURESİ

(72/14. Surenin) 38-40-41. Ayetlerindeki Dua:

Esirgeyensin **Tanrı**'m, bağışlayansın **Tanrı**'m
Senin adınla açar, Senle ağzım kaparım

Sen alemler Rabbisin, asla yoktur şüphemiz
Yaratılmış ayrılmaz, inanırız hepimiz

Rabbimiz! Kuşkusuz Sen, gizli olan halimiz
Sen bilirsin bizlerin, açıkça yaptığımız

Rabbim! İbadetimi, tam yapmak nasip eyle
Noksanıma kalmayıp, sana layık kul eyle

Ey yüce **Tanrım!** Benim ibadetim kabul et
Hem annemi babamı, inananları affet

İSRA (Bir yerden başka bir yere almak) SURESİ

(50/17. Surenin) 80. Ayetinin Duası:

Esirgeyensin **Tanrı**'m, bağışlayansın **Tanrı**'m
Senin adınla açar, Senle ağzım kaparım

Sen alemler Rabbisin, asla yoktur şüphemiz
Yaratılmış ayrılmaz, inanırız hepimiz

Sığındım Sana **Rabbim,** beni girecek yere
Doğru, dürüstlük ile, götür girecek yere

Senin inayetinle, çıkacak yerden beni
Doğru dürüstlük ile, yardımla çıkart beni

Senin yüce katından, bana yardım et güç ver
Senin şanın çok yüce, beni uyar kanıt ver [1]

---

*(1) **Hz. Abbas** buyurur ki: **Hz. Muhammed** buyurdu: Tanrının katından desteklenen kuvvet **Hz. Ali'**dir*

KEHF (Mağara) SURESİ

(69/18: Surenin) 1-10. Ayetlerinin Duası:

Esirgeyensin **Tanrı**'m, bağışlayansın **Tanrı**'m
Senin adınla açar, Senle ağzım kaparım

Sen alemler Rabbisin, asla yoktur şüphemiz
Yaratılmış ayrılmaz, inanırız hepimiz

Hamdolsun O **Tanrı**'ma, kullara kitap verdi
Kendisiyle çelişki, yapmaksızın indirdi **(D)**

Ey **Rabbimiz!** Katından, nolur Rahmet ver bize
Çıkış yolunu göster, lütfeyle işimize

TAHA[1] 25-26-27-28. Ayetleri:

Esirgeyensin **Tanrı**'m, bağışlayansın **Tanrı**'m
Senin adınla açar, Senle ağzım kaparım

Sen alemler Rabbisin, asla yoktur şüphemiz
Yaratılmış ayrılmaz, inanırız hepimiz

Yüce **Tanrım** göğsümü, açıp yücelt genişlet (B)[2]
İşimi ihsan eyle, kolaylaştır hem islet (B)

Hak sözü söylemeye, dilimden düğümü çöz (B)
Ki sözüm anlasınlar, daim diyem iyi söz

---

*1. **İmam Muhammed Bakır** Buyurur ki: **"Ta, Ha** harflerindemurat **Hz. Muhammed** ve onun **Ehl-ı Beyt**'inin her türlü pislikten temizlenmiş olmasıdır."*

*2. **Hz. Muhammed** 25 ve 35 ayetler hakkında buyurdu ki: **"Ey Yüce Tanrım!** Kardeşim Musa'nın duasını Kabul ettiğin gibi benimde duamı Kabul buyur. **Ey Tanrı**'m! Göğsüm aç işimi kolaylaştır dilimden de düğümü çöz ki sözümü iyi anlasınlar kendi ailemden bir vezir ver bana kardeşim **Ali**'yi onunla destekle beni onu işimizdeortak yapki seni daha tesbih edelim. Ve seni daha çok analım, şüphesiz ki sen bizigörmektesin."*

ENBİYA (Peygamberler) SURESİ

(73/21. Surenin) 87-89. Ayetlerinin Duası:

Esirgeyensin **Tanrı**'m, bağışlayansın **Tanrı**'m
Senin adınla açar, Senle ağzım kaparım

Sen alemler Rabbisin, asla yoktur şüphemiz
Yaratılmış ayrılmaz, inanırız hepimiz

Senden başka **İlah** yok, tesbih ederim Seni
Mutlaka zalim oldum, kuşkusuz kurtar beni

Ey **Rabbim!** Bir başıma yalnızca koyma beni
Mirasçı yücesisin, mirassız yapma beni.[1]

---

*1. **Resulullah İmam Ali**'yi Müşriklerden **Abduved**'le savaşmaya gönderirken şöyle dua etti: **Ey Tanrı! Bedir savaşında benden Haris'i** aldın. **Uhut'ta Hamza!yı** aldın Bu **Ali**'dir. Beni tek başıma bırakma sen varislerin en hayırlısısın."*

MÜMİNÛN (İnananlar) SURESİ
(74/23. Surenin) 28-29-94-97-98-106-109-118.
Ayetlerindeki Dualar:

Esirgeyensin **Tanrı**'m, bağışlayansın **Tanrı**'m
Senin adınla açar, Senle ağzım kaparım

Sen alemler Rabbisin, asla yoktur şüphemiz
Yaratılmış ayrılmaz, inanırız hepimiz

Zalim topluluğundan, bizi kurtaran sensin
Kurtaran O **Tanrı**'ya, yüzbinlerce hamdolsun

Bereketli bir yere, indir beni ey **Rabbim!**
Konuğunum ağırla hayır sevensin **Rabbim!**

Beni zalimler ile, bir tutma yüce **Rabbim!**
Zalim topluluğundan kurtar beni ey **Rabbim!**

Rabbim! Şeytan şerrinden, hep sana sığınırım
Sensiz onun şerrinden, ben nasıl kurtulurum **(B)**

Onların başımıza, üşüşmesinden Sana
Sığınırım ey **Rabbim!** Yardımcı ol Sen bana

Ey **Rabbim!** Baskın çıktı, bize bahtsızlığımız
Sapıp gitmişiz bizler, var talihsizliğimiz

Ey **Tanrım** iman ettik, günahtan affet bizi
Merhametli bir Hakk'sın, yargıla cümlemizi

Yüce **Tanrım** merhamet, edip affeyle bizi
Rahimsin acı bize, bağışla hepimizi

FURKAN (Hak ile Batılı ayıran) SURESİ

(42/25.Surenin) 74. Ayetindeki Dua:

Esirgeyensin **Tanrı**'m, bağışlayansın **Tanrı**'m
Senin adınla açar, Senle ağzım kaparım

Sen alemler Rabbisin, asla yoktur şüphemiz
Yaratılmış ayrılmaz, inanırız hepimiz

Ey **Tanrım,** eşimizden, çocuğumuzdan bize
Göz aydınlık bağışla, sevinçli gün ver bize

Takvalı kuldan eyle, sarılanı önder kıl
Bizler hep yücelelim, yücelere örnek kıl[1]

---

*1. **Resulullah** buyurdu ki: "Biz **Ehl-I Beyt'**in sevgisi kötülükleri temizler, iyilikleri kat kat artırır."*

ŞUARA (Duygu sömürüsüyapanlar) SURESİ

(47/26. Sure 227 ayettir 83-85-87-89. Ayetlerinden Dua:

Esirgeyensin **Tanrı**'m, bağışlayansın **Tanrı**'m
Senin adınla açar, Senle ağzım kaparım

Sen alemler Rabbisin, asla yoktur şüphemiz
Yaratılmış ayrılmaz, inanırız hepimiz

Ey **Tanrım** bana Senden, hükmeyle güç bağışla
Sevginle muhabbet ver, iyilerden huy aşla **(B)**

Kıyamet gününe dek, gelenlerle barış kıl
Onlarla anlaşmama, ver aynı dilinden dil **(B)**

Bana nimetle dolu, sağlıklı varlığı ver
Dirileceğimiz gün, bize yüz aklığı ver

O gün mal, mülk ve evlat sökmez hiç deriz heyhat
O gün bizi orada, temiz olanlara kat

NEML (Karınca) SURESİ

(48/27. Sure 93 ayettir. 15-19-40. Ayetlerinden Dua:

Esirgeyensin **Tanrı**'m, bağışlayansın **Tanrı**'m
Senin adınla açar, Senle ağzım kaparım

Sen alemler Rabbisin, asla yoktur şüphemiz
Yaratılmış ayrılmaz, inanırız hepimiz

Bizi mümin kullara, karıştır hep bir olsun
Çoğundan üstün kılan, **Allah**'ıma hamdolsun

Rabbim! Ebeveynime ve bana lütfettiğin
Nimetlere az gelir, binlerce şükrettiğim

Nasip et, Senin için hayırlı iş yapayım
Her anımda her işte, tümle barış yapayım

Lütfu boldur **Rabbimin,** beni denemek ister
Şükür mü edeceğim, nankörlük mü Sen göster **(D)**

Kim şükretse bilsin ki kendinin lehinedir
Nankörlük yapar ise o da aleyhinedir

Rab Yüceler'den yüce, o gayet çok cömerttir
Affedici **Rahimdir** yüce **Rabb**'im **Gani**'dir

KASAS (Öyküler) SURESİ

(49/28. Sure) 88 ayettir.16-17. Ayetlerinden Dua:

Esirgeyensin **Tanrı**'m, bağışlayansın **Tanrı**'m
Senin adınla açar, Senle ağzım kaparım

Sen alemler Rabbisin, asla yoktur şüphemiz
Yaratılmış ayrılmaz, inanırız hepimiz

Rabbim öz benliğime zulmettim beni affet
Suçluya çıkmam arka nimetlerini lütfet

Lütfettiğin nimete and olsun ki ey **Tanrım**
Güç ver ki karşı çıkam yerine gelsin andım

ANKEBUT (Örümcek) SURESİ

(85/29. Sure) 69 Âyetir 30. Ayetinden Dua:

Esirgeyensin **Tanrı**'m, bağışlayansın **Tanrı**'m
Senin adınla açar, Senle ağzım kaparım

Sen alemler Rabbisin, asla yoktur şüphemiz
Yaratılmış ayrılmaz, inanırız hepimiz

Rabbim! Bozguncuların, topluluğuna karşı
Bana yardım et **Tanrım** gelem yanlışa karşı

SEBE (Sebe ülkesi) SURESİ
(58/34. Sure) 54 Âyettir.1-2.
Ayetlerinden Dua:

Esirgeyensin **Tanrı**'m, bağışlayansın **Tanrı**'m
Senin adınla açar, Senle ağzım kaparım

Sen alemler Rabbisin, asla yoktur şüphemiz
Yaratılmış ayrılmaz, inanırız hepimiz

Yerde gökte bulunan tüm varlıklar O'nundur
Allah'ıma hamdolsun her şeyi bilen O'dur

Ölüm ötesi dahi **Hamd**'ın hepsi O'nadır **(D)**
O **Hakim**'dir, **Habir**'dir, hükmü hem ön, hem sondur

Her şeyden egahtır O, her şeyi bilendir O
O bilir **Rahim**'dir O, hep **Gafur** olandır O

FÂTIR SURESİ
(43/35. Sure) 45 Âyettr. 1-34.
Ayetlerinden Dua:

Esirgeyensin **Tanrı**'m, bağışlayansın **Tanrı**'m
Senin adınla açar, Senle ağzım kaparım

Sen alemler Rabbisin, asla yoktur şüphemiz
Yaratılmış ayrılmaz, inanırız hepimiz

Hamd arş'ı yaratana **Fâtır** olan **Allah**'a
Gökleri ve yerleri, yaratmış olan **Hakk**'a

SAFFAÂT SURESİ
(56/37. Sure)182 ayettir.100. Ayetinde Dua:

Esirgeyensin **Tanrı**'m, bağışlayansın **Tanrı**'m
Senin adınla açar, Senle ağzım kaparım

Sen alemler Rabbisin, asla yoktur şüphemiz
Yaratılmış ayrılmaz, inanırız hepimiz

Verecekseň **Yaradan**, barış seven birin ver
İyilik sevenlerden, lütfeyle barışı ver

ZÜMER SURESİ
(59/38. Sure) 75 Âyettir 46. Ayetinde Dua:

Esirgeyensin **Tanrı**'m, bağışlayansın **Tanrı**'m
Senin adınla açar, Senle ağzım kaparım

Sen alemler Rabbisin, asla yoktur şüphemiz
Yaratılmış ayrılmaz, inanırız hepimiz

Ey gökleri ve yeri yaradan yüce **Allah!**
Hem görülemeyeni, hem görüleni **Allah!**

Bilen Sen, gören Sensin, hükmünü veren Sensin
İhtilaf ettiklerin hakkını veren Sensin

MÜMİN SURESİ
(60/40. Sure) 85 Âyettir. 7-9. Ayetlerinde Dua:

Esirgeyensin **Tanrı**'m, bağışlayansın **Tanrı**'m
Senin adınla açar, Senle ağzım kaparım

Sen alemler Rabbisin, asla yoktur şüphemiz
Yaratılmış ayrılmaz, inanırız hepimiz

Rabbimiz! Sen her şeyi, rahmetinle bilensin
Tövbe edip gelenin günahını silensin

İlim ile kuşattın yoluna gidenleri
Günahını bağışla yanlıştan dönenleri[1]

Kötülükten esirge, nicesin korursun Sen
İşte budur en büyük kurtuluşa erişen

Senin bize el atman en büyük bir saadet
Rahmet etmişsindir sen işte budur nihayet

---

*1. **Resulullah** Buyurdu ki: "**Ben** ve **Ali** yer yüzünde ilk iman edenleriz. Melekler **bana** ve **Ali**'ye ümmetten dana kimse iman etmeden yedi yıl sekiz ay önce duada ve bağişta bulundu." **İmam Muhammed Bakır** der ki: "Tevbe edenler **Ali**'den madasından dönüp **Ali**'nin velayetine tutunanlardır. Arşı taşıyanlar. **Muhammed, Ali, Hasan, Hüseyin, İbrahim, Musa** ve **İsa**'dır."*

AHKAF SURESİ

(66/46. Sure) 35 Âyettir 15. Ayetinde Dua:

Esirgeyensin **Tanrı**'m, bağışlayansın **Tanrı**'m
Senin adınla açar, Senle ağzım kaparım

Sen alemler Rabbisin, asla yoktur şüphemiz
Yaratılmış ayrılmaz, inanırız hepimiz

Yönelt beni ey **Rabbim!** Hoşnut ol şükretmeme
Bana nimet ihsan et, hem de ebeveynime

Hoşnut olduğun işe, yapmaya yönelt beni
Hem soyuma sopuma barışık eyle beni

Teslim olmuşum Sana, layık görüp teslim al
Gerçeklere yöneltip, beni **Hakk** aşkına sal

HAŞR SURESİ

(95/59. Sure) 10-22-24. Ayetlerinde Dua:

Esirgeyensin **Tanrı**'m, bağışlayansın **Tanrı**'m
Senin adınla açar, Senle ağzım kaparım

Sen alemler Rabbisin, asla yoktur şüphemiz
Yaratılmış ayrılmaz, inanırız hepimiz

Rabbimiz! Nolur bizi, iman etmiş olanı
Bizden evvel gelip de, tamamlayan imanı

İman etmiş kulların, nolur ateşe yakma
Kalbimizde bir zerre kin kibiri bırakma

Şevkatin boldur Senin, hem çoktur merhametin
Tüm mümin kardeşleri, affet olsun niyetin

O öyle bir **Tanrı** ki O'ndan başka **Tanrı** yok
Görüneni gaybı da gören bilen hepsi **Hakk**

Söylemeden duyan O, gözlemeden gören O
Rahman sıfatı da O, **Rahim** sıfatı da O

Tanrı'dır O, **Hakk**'tır O, hem **Halik**'tir hem **Bâri**
Musavvir'dir O mutlak cümle sevenin yâr'i

Güzel isimler O'nun, tüm varlık O'na gider **(D)**
Gökte, yerde ne varsa, hep O'nu tesbih eder

Aziz'dir hiç incitmez, ne istenirse verir
Hakim'dir adaletle, yanlış, doğruyu bilir

MÜMTEHİNE SURESİ

(111/60. Sure) 13 Âyettir.
4-5. Ayetlerinde Dua:

Esirgeyensin **Tanrı**'m, bağışlayansın **Tanrı**'m
Senin adınla açar, Senle ağzım kaparım

Sen alemler Rabbisin, asla yoktur şüphemiz
Yaratılmış ayrılmaz, inanırız hepimiz

Ey yüce **Tanrım** bizler, yalnız döneriz Sana
Güvencimiz Sanadır, hep yöneliriz Sana

Ey **Rabbim!** Sen bizleri nolur imtihan yapma
Nolur küfre saplanmış kavmin içine atma

Bağışla bizi her an, fitneciden uzak tut
Aracı yapma bizi, Sensin cümleye umut

Hem önsüzsün hem sonsuz, kudretli hikmetlisin
Her ne ki mevcudat var, cümlenin sahibisin

TAHRİM SURESİ
(106/66 Sure) 12 Âyettir. 8. Ayetinde Dua:

Esirgeyensin **Tanrı**'m, bağışlayansın **Tanrı**'m
Senin adınla açar, Senle ağzım kaparım

Sen alemler Rabbisin, asla yoktur şüphemiz
Yaratılmış ayrılmaz, inanırız hepimiz

Yüce Tanrım bizlerin ışığını tamamla
Sen her şeye **Kadir**'sin Sen bizleri bağışla

Asla Sana güçlük yok, eyleme bizi beter
Cümlenin **Haliki**'sin her şeye gücün yeter

NUH SURESİ (71/71. Sure.) 28. Ayetinde Dua:

Esirgeyensin **Tanrı**'m, bağışlayansın **Tanrı**'m
Senin adınla açar, Senle ağzım kaparım

Sen alemler Rabbisin, asla yoktur şüphemiz
Yaratılmış ayrılmaz, inanırız hepimiz

Rabbim! Beni, annemi, babamı, ailemi
Hem inanmış olarak, evimize gireni

Kimseye zulmetmemiş, inanmış erkekleri
Sana iman getirmiş, inanmış kadınları **(D)**

Cümleyi affet Tanrım, günahlarını bitir
Zalimleri helak et, perişanlığın artır[1]

---

*1. **İmam Cafer-i Sadık** buyurdu ki: "**Resulullah**'ın vasiyet ettiği velayete girenler onların evlerine girmiş anlamında söylenmiştir."*

YASİN SURESİ 83 Ayet: (41/36. Sure)

Esirgeyensin **Tanrım,** bağışlayansın **Tanrım,**
Senin adınla açar, senle ağzım kaparım

Sen alemler Rabbisin, asla yoktur şüphemiz
Yaradılmış ayrılmaz, inanırız hepimiz.

1- Yasin sözü İnsani, insanı tarif eder
Ya insan senin yolun, bil ki bilimden gider

2- Okumak gerek O'nu, kitap göndermiş bize
Doğru yolu gösterir, kulak verelim söze **(B)**

3- Sen Kur'an-ı natıksın, güzel ulu **Muhammed**
Bütün sırlar sendedir, bir ismin dahi **Ahmed (B)**

4- Doğru olan yoldasın, **Tanrı**'dan bağış bize
Tüm varlıklar verilmiş bizim **Resulümüze (D)**

5- Hem üstün merhametli, **Tanrı**'nın indirdiği
Doğru yoldur Kur'an'ın, bizlere bildirdiği **(B)**

6- Bir kavmi islah için bu kitap indirildi
Eğri yoldan dönünüz, diyerek bildirildi

Ahiret varlığını bildirdi zalimlere
Cennet'ini duyurur irfanlı Kâmil'lere

7- İman etmez imansız gaflet uykusundadır
Uyanmazsa uykudan, cezasın bulacaktır

8- Beline vurduk lale, geldi boğazına dek
Kafaları dik dursun, mahşere gidene dek

Ağır demir halkalar, vurunca sanki ceset
Yüzleri yukarıda, güzelliğe çekmiş set

9- Onları sarıverdik, kör oldular tamamen
Önlerine ardına, engeller koyduk hemen

Gözlerini bağladık, nesne nedir bilmezler
Kalp gözleri kapalı, Hakikatı görmezler

10- Kafirleri sevsen de, korkutsan da aynıdır
İman eder mi onlar, içi dışı kaygıdır

Kulakları kapalı göz mühürlü görmezler
Senin güzelliğini, idraksizler bilmezler

11- İnanmayan ne bilsin, yolun inceliğini
İnananlar anlarlar, **Hakk**'ın yüceliğini

Güzel ödül veririz, **Kur'an**-ı doğru tanı
Yürekten bağışlarız, inanıp korkanları

12- **Tanrı** der ki ölüye, can verir diriltiriz
Her türlü eserleri, biz yazıp bildiririz

Kararmış nice kalpler, biz onları yıkarız
Yapılan her işleri, kitaplarda yazarız

Şirk ve asi olanın, akibeti sönmüştür
Evvel gelenler örnek, aklı olan görmüştür[1]

13- Onlara peygamberler, gönderildi gördüler
Nice kentlerde köyler, çöktü hepsi öldüler

14- İki Yalvaç gönderdik, **Hak** yola gelin diye
Yalanlarlar onları demezler Yalvaç diye

Onlar da bizler gibi tıpkı insan dediniz
Üçüncü Resul geldi, bakın sizler gördünüz

15- O halk, **Hakk**'ı tanımaz, derler ki, bizim gibi
Elbette biz insanız, başka şey değiliz ki **(B)**

Tanrı'nın işi yok mu, Yalvaçlık vere size
Ne kitap, ne peygamber, İsa demedi bize **(B)**

Tanrı senin dediğin, göndermemiştir bir an
Size inanmıyoruz, senin sözün de yalan

16- Biz, imandan çıkmayın, diyen habercileriz
İster imana gelin, ister kafir kalınız

17- Bizde zorlama yoktur, size tebliğ ederiz
Elçiyiz, görevliyiz, bilmenizi isteriz

Sizlerden ikrar alıp, ikrara bağlayalım
Dürüst güzel bir insan olmayı sağlayalım

---

1. Bu ayet indiğinde **Resulullah** *hazır olan Eshaba okudular. Eshaptan Ebu Bekir ve Ömer ayağa kalkıp, bu kitap Tevrat'mıdır, İncil'midir, Kur'an'mıdır dediler.* ***Cenabı Resul*** *hiç biri değildir.* ***Bu İmam Ali****'dir demiştir.*

Tutmazsanız sözümüz, hüsranda kalırsınız
Hakk'ın emri böyledir, siz nasıl sanırsınız?

18- İyilik sizin olsun, uğursuz bildik sizi
Rahmeti kuruttunuz, rahat bırakın bizi

Size zulüm yaparız, çok bühtanlar ederiz
Sizden bize yarar yok, başıza taş dökeriz

19- Yalvaçlar dediler ki: Uğursuzluk sizdedir **(D)**
Eğer islah olmazsaz, yıkımınız cüzdedir **(D)**

Öğütlerimiz size, asla zarar getirmez
İnkârlıyız deseniz, cahiller bunu bilmez

20- Kentin öbür başından koşup geldi bir adam
Halka söylev eyledi, sesi yükseldi hemen

Resulları dinleyin, sakın etmeyin güman
Uyun, sözünü tutun, izini sürün her an **(B)**[2]

21- Doğru yola gidendir, bunlarla birlik olan
Hidayete erendir, gönlüne nur dolduran

22- **Tanrı** nurdan yaratmış, bana Yalvaç'ım demiş
Nasıl bağlı olmayım İlmi irfanı vermiş

---

2. ***Hz. Muhammed*** *buyurdu ki:"**Sadıklar üç kişidir;** Firavun ehlinden olan **Hezakil; İsa**'nın ehlinden mümin olan **Habib-ı Naccar** ve **İmam Ali**'dir ki kendisi hepsinden daha faziletlidir.*

Bir gün gelecek siz de O'nu bileceksiniz
Çünkü er-geç hepiniz O'na döneceksiniz

23- **Tanrı**'yı bırakıp da başka mı arayayım
Bana zarar gelirse, kimlere yalvarayım

Beni yaratan O'dur, hem yoktan var edendir
Eğer zelil olursam, başka kurtaran kimdir

24- **Tanrı**'ya ortak koşmak, sapıklıktır bilirim
Asla kuşkum yoktur ki, ben **Tanrı**'dan gelirim

Başka mabut aramam, ararsam olur nifak
Batıla uyamam ki, uysam yalan olur **Hak**

25- Dinleyin! Ta ezelden **Tanrı**'ma inanırım
Yaradılmışın **Rabbi,** gene O'na varırım

Ey kavmim diyem size, sözlerimi dinleyin
Canımı vererek ben **Tanrı**'mın yanındayım **(D)**

26- Şehit olan kişinin, yeri yurdu cennettir
Çağırınca ilk işim, yanlarına gitmektir **(D)**

İyi kullar, şehitler, gider cennet içine
Gelip görse tüm kullar, mekânımın içi ne **(B)**

27- **Tanrı**'nın bağışlayıp ağırladığı mekân
Kavmim görse burayı, durmaz gelirler hemân

İnsanları sevelim, **Tanrı**'mızın nurudur
Unutmayalım canlar, nur, gerçekler yoludur.

28- Ondan sonra kavminin, üzerine gökten biz
Bir ordu indirmedik, çile çekmediniz siz

(**Habib**'ün **Neccar**'ında, katlinden) sonra dahi
(Bedir ile Hendek'te) demedik ki, **İlahi**

Bize meleklerinden ordu gönder gelsinler
Bizim düşmanlarımız hepsin helak etsinler

29- Tek bir çığlık onlara yeter oldu bittiler
Hepsi bir an içinde birden sönüp gittiler

30- Şu kullara çok yazık, gelmiş olan peygamber
Onun ile her zaman, bir de alay ederler

31- Görmediler mi? Onlar, nice ümmetler nice
Kendileri yok iken, kendi ceddinden önce

Nicesin helak ettik nedendir bilmediler
Gerçekten de bir daha dünyaya dönmediler

32- Ve şüphesiz hepsinin, kıyameti kopacak
Onların tüm cümlesi, karşımızda olacak

33- Bomboş kuru topraktan, nice hububat verdik
Yağmur ile suladık, neticesini gördük

Her şeye can veririz, onlara türlü nebat
Yer içerler cümlesi üründen alır hayat

34- Ve orda hurmalıklar, bağlık bahçelik verdik
Üzümden hurmalardan, hepsin yesinler dedik

Bak nice kaynaklardan, billur sular çıkardık
Faydalansın içsinler, diye hem de akıttık **(B)**

35- İstedik ki yesinler hepsinin meyvesinden **(B)**
Biz yarattık onları sanmayın ellerinden **(D)**

Hem yesinler içsinler, söylen: Değer görmez mi?
Böyle nimetler yeyip, insan şükreylemez mi?

36- Şanı yüceden yüce, münezzeh ulu **Allah**
Her yerden biten şeyi, çift yaratmış o **İlah**

Kendilerinden doğan, her şeyi çocukları
Daha hemi bilip de, bir de bilmedikleri

Hepsin çifter halk eder, Tanrı'nın şanıdır O
Her varlığı çift verip, gene de arıdır O

37- Ve yine bir delildir, onlara olan gece
Karanlıklar vardır ki, hiç benzemez gündüze

Gündüzdeki güneşin, ziyasını alsalar
Ziya gider o anda, karanlıkta kalırlar **(B)**

38- Bilinki güneş artık, gittiği yere kadar **(D)**
Gider güneş yerini karanlık gelir kaplar

Akıp gider bu hüküm üstün hikmet sahibi
Bunun hepsi **Tanrı**'nın iradesi takdiri **(D)**

39- Konaklarımız vardır, ay dönüşüyle belli
Sonunda kuru hurma, salkım çöpünün hali

Devrederek sonunda hurma ağacı gibi
Eskimiş sarı ince bükülmüş salkım ipi

40- Ulaşmaz güneş aya ne gündüzde geceye
Geçemez birbirini, seyreder yörüngeyle

41- Bir ayette onların, soyu sopunu işte
Taşımamızdır böyle, dopdolu gemilerle **(B)**

42- Biz onlara çeşitli, gemi gibi binecek
Nice başka şeyleri, yarattık dahi gerçek

43- Dilersek batırırız, sularda boğulurlar
İmdada gelen olmaz, kimseler kurtarmazlar (B)

44- Bizden bir rahmet olur, bir zamana dek ancak
Yaşayıp geçimleri, taktir etmiş ise **Hakk**

45- Önümüzde bu dünya, tasasından çekinmek
Onlar böylece **Tanrı,** rahmetine erişmek

Sakınınız mutlaka ardınızda bulunan
Ahiret azabından, sakınınız durmadan

Azaptan çekinin ki, rahmeti bulasınız
O yüce **Tanrı**'mızdan, mükafat alasınız

46- Onlara yüce **Rab**'dan, deliller gelir ise
Yüz çevirirler onlar, gerçeği bilmezlerse

47- Onlara **Tanrı** vermiş, rızıklarını bolca
Başkalarına verin, siz kendiniz doyunca (B)

Derler ki: Vermeyiz yapmayız öyle hayrı
Onları da doyursun, tanıdıkları **Tanrı**

Vermeyiz biz onlara, ne yiyecek ne de su
Sizin söylediğiniz, tıpkı sapıklıktır bu

48- Yine derler ki: Sizin, nerede göz dağınız
Bu ne zaman olacak, nerde kalır haliniz

49- Bunlar kavgada iken, birbiri ile yalnız
Hemen onları bekler, tek çığlığı duyunuz

50- Onların artık hem de, vasiyet etmesine
Gücü yetmez dönmeye, geri ailesine

51- Ve sur üfürülende! Hepsi uyanıp kalkar
Tanrısı görünende, hepisi koşacaklar

52- Ve demişlerdir ki; "vah, yazıklar olsun bize
Uyuduğumuz yerden, kimler kalk dedi bize"[3]

Meğer **Rahman** bizlere, nasihatlar eylermiş
Peygamberler vahiyle, gerçekleri söylermiş

---

3. ***İmam Ali Rıza*** *buyurur ki: Şanı Yüce olan* ***Tanrı,*** *batıl bir devletin zamanında dostlarının sabırlı olmaları hususunda onlardan söz almıştır. Ey Şiamız! Sizlerde bu batıl devletten gördüğünüz zulme karşı sabredin. İnsanların Efendisi* ***İmam Mehdi*** *zuhur ettiği zaman bu zalimler şöyle diyecekler:" "Yazıklar olsun bize, yattığımız yerden kim kaldırdı bizi?" İşte bu Rahman'ın vaad etmiş olduğudur.*

53- Bu ancak ki onların bir bağrıştan ibaret
Tapımızda hep hazır, bulunmada nihayet

54-O gün hiç kimse asla, zulüm görmez bilinir
Herkese yaptığının, karşılığı verilir

55-O günler mesut olan cennetlik ehlidirler
İlâhi ile ferah, surun içindedirler

56- Kendileri de hepsi, zevceleriyle birlik
Tahtlarında kurulu, gölge altı serinlik

57- Onlar için her çeşit, meyve cennette vardır
Her arzu ettikleri, cümlesi hep hazırdır

58- Onlar Rabbil alemin celle şan-uhu bilir
Hemi de **Rahim** olan, **Rab**'dan çok selam gelir

59- Mahşerde o günlerde, bir de nida olunur
Mücrimler! Bu gün sizler, derler ki ayrı durun

60-61-Ey âdem oğulları, şu Şeytan'ın şerrinden
O'na kulluk yapmayın, halas olun mekrinden

Şüphe yok ki, O size apaçık bir düşmandır (B)
Verdiğiniz o ikrar, o ne güzel imandır

Bana kulluk edin ki, (D)olasınız dürüst kul
Şeytan'dan geri durun, ancak budur doğru yol

62-Şeytan sizden niceyi, yoldan izden çıkarır (D)
Siz yanlışa giderken, o gülerek bakandır

63-64-"Vadolmuştu bu size, işte cehennem bilin"
"Küfrünüze karşılık, bu gün oraya girin"

65- Ağızlarını o gün, orada mühürleriz
Zaten söz söylemekten, tabi ki men ederiz

Kazançları ne ise, bize elleri söyler
İnkâr etseler bile, ayakları söylerler

66- Onların sözlerini, şayet biz dinleseydik
Mutatları veçhile büsbütün kör ederdik

Yollara gitmek için, nerden bileceklerdi
Yola dökülürlerdi, nasıl göreceklerdi

67- Dileseydik onları, sokardık çarpık şekle
Kala kalırlardı hep, beklerlerdi o yerde

Ne durdukları yerde, ne ileri ne geri
Ve dönmeye yetmezdi, hiç onların güçleri

68- Yaradılışta kimin, uzatırsak ömrünü
Döndürürüz geriye, çocuk gibi gününü (D)

Gösteririz biz ona, doğrultamaz belini
Hâlâ bunları neden, akıl etmez halini

69- Biz ona şiir değil, (D) Kur'an-ı vahyeyledik
Vahilerle sizlere, birçok öğütler verdik (B)

70- Diri olanlar korksun, sözlerimiz gerçektir
Kafirler yanlışların, cezasın çekecektir

71- Görmezler mi, kudretten, neler meydana geldi
Davarlar yaratmıştık kendiler sahiplendi

72- Tabi kıldık davarı, hepsini sahiplendi
Binerler kimisine, kiminin eti yendi

73- Yararlanırlar onlar, hepsinden türlü türlü
Sütlerini içerler, şükür etmezler çünkü

74- **Tanrı**'yı koyup onlar başkalardan umarlar
Başka mabut edinir, doğru yoldan saparlar (D)

75- Uydurma mabutların, zaten asla hiçbiri
Yardım için onlara, yetmez gücü kudreti (B)

Sahte mabud güçsüzken, onu hep benimserler
Sanki onun yardımcı, hepsi askeridirler
76- Mahsun etmesin seni, anlarsan sözlerini
Nasıl söylediğini, açık gizlediğini

Biz biliriz onların, gizleseler de bile
Açıkça olsa eğer, hepsi bilinir hele

77- Görmüyor mu ki insan, biz onu bir damlacık
Ersuyu'ndan yarattık, isyana gene açık

78- Bize örnek verirler, geçmişi unuturlar (D)
Bizler ölüp gidende, çürür gideriz derler

79- Sizi yoktan var eden onu da var edecek
Çürüse dağılsa da, var edip diriltecek (D)

O bilerek yaratır, tüm alemi sürütür
Yok olmuşu öleni, diriltir hem yürütür (B)

80- Öyle bir Mabutdur ki, yeşil ağaçtan ateş
Ondan ateş yakılır, buna koşulur mu eş

81- Yeryüzünü gökleri, onları hep var yapan
Yetmez mi gücü onun, tüm bunları yaratan (D)

O her şeyi var eden, bir Ma'buddur biliniz
Ve her şeyi bilendir, çok düşünsün diriniz

82- Diledi mi bir şeyin, olmasını buyurur
"Ol!" Der o anda her şey, istenince o olur

83- Yücedir münezzehtir, O Ma'bud ki her şeyin
Tasarrufun temamı, elindedir siz bilin

Hem sonunda yolunuz, hep O'na dönülecek
Neticede hep O'nun tahtına varılacak

İHLAS (Gönül Temizliği)SURESİ
(22/112. Sure 4 âyettir.1-2-3-4. Ayetlerinde Dua:

Esirgeyensin **Tanrı**'m, bağışlayansın **Tanrı**'m
Senin adınla açar, senle ağzım kaparım

Sen alemler Rabbisin, asla yoktur şüphemiz
Yaratılmış ayrılmaz, inanırız hepimiz

1- De ki: Doğru olan bu **Tanrı** uludur tektir[1]
Kendini birleyen O, hep tümlüğe erendir

2- Her kim ki düşse Dar'a, onla **Hakk'a** yönelir
Cümle darda kalanın, yardımına O gelir

3- **Tanrı**'dır, yücedir O, işi murat verici
İhtiyacı olanın, tamamını görücü (B)

4- O ne doğmuştur, asla, hem ne de doğurmuştur
Yardımcısı olmamış, her zaman tek durmuştur (B)

Ne kadar söylense de, O'nun benzeri yoktur
Hiçbir dengi bulunmaz, özellikleri çoktur

---

1. Hz. Muhammed buyurur: "Ey Ali sen insanların içinde İhlas suresinin Kuran'daki misali gibisin."

FELAK (Sabah aydınlığı Şafak) SURESİ
(20/123. Sure. 5 Ayettir.
1-2-3-4-5. Ayetlerindeki Dua:

Esirgeyensin **Tanrı**'m, bağışlayansın **Tanrı**'m
Senin adınla açar, senle ağzım kaparım

Sen alemler Rabbisin, asla yoktur şüphemiz
Yaratılmış ayrılmaz, inanırız hepimiz

1- De: Seher sahibine, sığınırım şafaktan
Tüm şerleri yok etsin, dilerim ulu **Hak**'tan (B)

2- Şerlerden kurtulmağa, niyaz edek aşk ile (B)
İnsanlık sevgisine, sarılalım vecd ile (B)

3- Gözlerimize perde, inmesinden yarlığa
Sıcak, soğuk şerrinden, sokma bizi darlığa (B)

4- Düğüm yapıp üfleyip, tükürüp düğümleyen
Tanrı korusun bizi, üfrükçünün şerrinden (B)

5- Kıskanç olan kişinin, nefis şerri çok olur
Hasetçinin şerrinden, bizi O **Tanrı** korur

NAS (İnsanlar) SURESİ
(21/114 Sure)1-2-3-4-5-6. Ayetlerindeki Dua:

Esirgeyensin **Tanrı**'m, bağışlayansın **Tanrı**'m
Senin adınla açar, senle ağzım kaparım

Sen alemler Rabbisin, asla yoktur şüphemiz
Yaratılmış ayrılmaz, inanırız hepimiz

1-2-De ki: Yaradılmışım, Rabbime sığınırım (B)
Şu kamil insanların, Şah'ına sarılırım (B)

3-4-Sığınırım O'na ben, yücedir İlahımız (B)
Tuzak kuran sinsiden, sen esirge canımız (B)

5- İnsanların kalbine, sokma kuşku kuruntu
O şeytanın şerrinden, **Tanrım** bizleri koru (B)

6- Çok sinsidir çok sinsi, aldatıcı aldatan
O şeytanın şerrinden, yaratıcı kurtaran

BAKARA (İnek) SURESİ
(92/2. Surenin. 1-2-3-4-5. Ayetlerinde Dua:

Esirgeyensin **Tanrı**'m, bağışlayansın **Tanrı**'m
Senin adınla açar, senle ağzım kaparım

Sen alemler Rabbisin, asla yoktur şüphemiz
Yaratılmış ayrılmaz, inanırız hepimiz

1. **Elif, lam, mim,** İnsani, Hak, Muhammed, Ali'dir
Bu öyle bir kitap ki, ebed ve evvelidir

Elif (Allah'ı söyler) **Lam** (Ali'nin) **Lam**'ıdır
Mim (Muhammed'den gelir müminlerin dinidir)

Elif'in (Manası çok yazmak ile tükenmez)
Lâm (Bir deryadır zaten gemisine kim binmez)

Mim (Kalakar olu **Ahet Muhammed Mustafa'**dır)
Elif, Lam, Mim (Diyen de **Kur'an**'da rumuz vardır)

Elif, Lam, Mim hurufi **(Hak Muhammed Ali**'dir
Bu öyle bir kitap ki ebed hem evvelidir.)

2. İşte sana bir kitap oku manasını bil
Tutarsızlığı yok et kuşkunun tümünü sil

Eğer korunur isen hele sakınır isen
O sana bir kılavuz sen kendini bilirsen

O kitaptır dünyada, cehaleti yok eden
Tüm mahluku yaşatan, yaşamı güzel kılan

Eğri yoldan kurtarıp, gösterir doğru yolu
Kitaba sarılanlar, asla sapıtmaz yolu (B)

3. Batınıdırlar dahi inançlıdırlar onlar
İbadetleri boldur **Tanrı**'ya yalvarırlar

Paylaşmasın bilirler muhtacına verirler
Rızık **Tanrı**'dan gelir onlar bunu bilirler

Görmeden inanırlar, gönülleri arı'dır
Yoksulları doyurmak, en güzel kârlarıdır (B)

4. He mi seni tanırlar hem evvel geleni de
Vahi gelmiş tüm cümle Resul'ü Nebi'yi de

Hem düya ahireti bilip tastik edendir
Kavramıştır gerçeği doğru yola gidendir

İnanırlar son güne, okunan kitaplara
Geleceğe geçmişe, yapılan hitaplara (D)

5. İşte bunlardır **Hakk**'I tanıyıp da bilenler
Onların yolu doğru hidayete erenler

Doğru yola gidendir sapıtmayandır onlar
Tevhidini okuyup, doğru olandır onlar

Yukarıda sayılan, sıfatlara sahiptir
Yolundan ayrılmayız, **Tanrı** bize şahittir

NUR SURESİ 35. ayetin te'vili ve tefsiri:

"Allah, göklerin ve yerin nurudur. O'nun nurunun misali; içinde çerağ bulunan bir kandil yuvası gibidir. O çerağ, bir sırça içindedir. Sırça, sanki inci gibi parlayan bir yıldızdır. Güneşin doğduğu yere de, battığı yere de nisbeti olmayan mübarek bir ağaçtan, zeytinden tutuşturulup yakılır. Ateş değmese dahi, o mübarek yağın kendisi aydınlatır. Nur üstüne nurdur o. Allah dilediğini nuruna kavuşturur. Allah, insanlara misaller verir. Çünkü Allah her şeyi bilendir."

Erenler, aşıklar buyurdu ki:

"Kandil, Muhammed sallaalhu aleyhi ve alih sellem'dir. Kandilin içindeki çerağ da Ali'dir Sırça, Hasan ve Hüseyin'dir. Parlayan yıldız, Hüseyin'in oğlu Ali'dir. Mübarek ağaç; Ali'nin oğlu Muhammed'tir (Bakır). Zeytin; Muhammed'in oğlu Ca'fer'dir. Güneşin doğduğu yer; Ca'fer'in oğlu Musa'dır. Güneşin battığı yer; Musa'nın oğlu Ali er-Rıza'dır. Aydınlatan yağı; Ali'nin oğlu Muhammed Taki (Cevad)'dir. Ateşin değmediği; Muhammed'in oğlu Ali Naki (Hadi)'dir. Nur üstüne nur; Ali'nin oğlu Hasan'dır (Askeri). Allah, dilediğini nuruna kavuşturur; Mehdi, kaimdir. Allah insanlara misaller verir!"

İmam-ı Ali er-Riza Hazretleri buyurdu ki:

"...Allah bizimle başladı ve bizimle son verecektir. Bizimle de yerden çıkanlar ile sizleri besledi. Bizim hürmetimiz ile sizlere gökten su indirdi. Allah, sizleri denizlerde boğulmaktan ve yeryüzünde kaybolmaktan bizimle korudu. Allah,

hayatınızda, mezarlarınızda, mahşerinizde, sırat köprüsünde, terazide ve cennete girişinizde sizlere bizimle fayda verecektir. Bizim, Allah'ın kitabındaki örneğimiz; kandil, çerağ ve bunların içinde bulunan sırça gibidir!"

40. ayetin te'vili ve tefsiri:

"Veya engin bir denizdeki karanlıklara benzer. Onun üstünü bir dalga kaplar, onun üstüne de bir dalga, onun da üstünde bir bulut vardır. Karanlıklar üstünde karanlıklar. Elini uzattığı zaman neredeyse onu bile göremez. Allah'ın nur vermediği kimsenin asla nuru olamaz."

İmam Ca'fer es-Sadık Hazretleri buyurdu ki:

"Denizdeki karanlık ve üstünü kaplayan dalga; birincisi ve onun sahibidir! Dalga üstünde dalga ise; Cemel ve Nehrivan'da müminlerin emiri Ali'ye karşı savaşanlardır! Üstünde bulut, karanlıkta karanlığı olanlar ise; Emeviler'dir! Elini uzatan ise; müminlerin emiri Ali'dir. Kendisi karanlıkta olanlara elini uzattığı zaman, yani bu muhaliflere hükmet ile konuştuğunda onun söylediğini ancak onun vilayetine ve imametine inananlar kabul eder! Allah'ın nur vermediği kimse asla nur bulmaz kavlinin manası ise; şanı yüce olan Allah, bir kimseye dünyada bir imam kılmazsa ahiret gününde de o kişiye yardımcı ve kurtarıcı olacak bir imam kılmaz!"

Cebrail aleyhisselam, Resulullah sallallahu aleyhi ve alihi sellem'in huzuruna varıp buyurdu ki: "Ey Muhammed! Sırattan onunla geçebileceğin bir şeyi müjdeleyeyim mi?" Resulullah buyurdu ki: "Evet, müjdele!" Cebrail buyurdu ki: "Sen, Allah'ın nuru ile sırattan geçeceksin. Ali de senin nurun ile geçecek ve senin nurun Allah'ın nurudur. Senin ümmetin Ali'nin nuru ile sırattan geçecek ve Ali'nin nuru da senin nurundur. Allah, kime Ali'nin nurundan vermezse ona asla nur olmayacaktır!"

Sabırlı Ol, Dünya Harcı Değmez ki Gözyaşına

Övünç duyacağı bir soyu varsa bilgisiz kulun
Bilsin ki çamurdan ve sudandır özü soyunun
Dünyada Ehl-i Beyt'in değer ölçeği güzelliktir
Bilim, doğruluk ve sevgidir soyu insanoğlunun

Katlanılmaz bir kötülük gelirse eğer başına
Suskun kayalar gibi dur ve diren tek başına
Rahat günler de gelir geçer, zor günler de
Sabırlı ol, dünya harcı değmez ki gözyaşına

Kanat ger dostuna, her dem pekiştir sevgini
İçten arzula onu, hastanın ilaç gibi isteğini
Ama her dost görüneni de dost sanma, sakın
Yalan dostluklar herkese sıçratır pisliğini

En büyük utançtır varsılın zulmü yoksulu ezer
Yoksulluk, özgür olan insanı da tutsak kılar
Özgür olmak istiyorsan köle gibi çalış, üret
Ama görev bil dinlenmeyi de çalışmak kadar

Temizlik ve saflık, üzüntü ve kederle iç içedir
Sırdaşın sırdaşı var, sırrını yalnızca kendine bildir
Geceden gündüze dönüşür dünya, karamsar olma
Bu devranın değişmeyen tek yasası değişimdir

En bilge insan, eksiğini-kusurunu bilen kişidir
Sözünü tutan, doyumsuz tutkuları silen kişidir
Kötülüklere yüz vermeyen, iyiliklerle güzelleşen
Dünya yıkılsa, kendi hatasını söyleyen kişidir

HZ. ALİ
(Türkçesi: Hüseyin Cahit)

NUR Suresi 35. Ayeti:

Esirgeyensin **Tanrı**'m, bağışlayansın **Tanrı**'m
Senin adınla açar, Senle ağzım kaparım

Sen alemler Rabbisin, asla yoktur şüphemiz
Yaratılmış ayrılmaz, inanırız hepimiz

Yüce **Tanrı** göklerin, hem yerlerin nurudur
Nurunun misali özde çerağı da bulunur

Kandil yuvası gibi, nurludur o bir çerağ
Bir sırça içindedir, sırça sanki inci yağ

İnci gibi parlayan, o bir parlak yıldızdır
Güneşin doğduğu yer, ve bir de battığıdır

Battığı yer nisbeti, olmayan mübarektir
Bir ağaç ki yakılır, o ağaç zeytindendir

Ateş değmese dahi, sanki değmiş yanıyor
Nerde ise kendisi, yağı aydınlatıyor

Nur üstünde nurdur o, nur ile buluşturur
Allah dilediğini, nuruna kavuşturur

Tanrı tüm insanlara, çeşitli misal verir
O yüce **Allah** zaten, tüm alemi bilendir

HZ. ALİ BUYURUR, NUR Suresi 35. Ayeti:

Esirgeyensin **Tanrı**'m, bağışlayansın **Tanrı**'m
Senin adınla açar, Senle ağzım kaparım

Sen alemler Rabbisin, asla yoktur şüphemiz
Yaratılmış ayrılmaz, inanırız hepimiz

Kandil diye denilen, Muhammed Mustafa'dır
Kandil içinde çerağ, Ali'yyel Mürtezadır

Bilmiş olalım ki hep, parlayan o yıldızlar
Hasan ile **Hüseyin**, yıldız gibi parlarlar

Hüseyin oğlu Seccat, İmam Zeynel Abidin
O mübarek ağaçtır, ondandır Ehl-i Beyt'im

Zeytini temsil eder, oğlu Bakır Muhammed
İmam Bakır zeytindir, ondan yürür hidayet

Günün doğduğu o yer, Bakır oğlu Cafer'dir
Güneşin battığı yer, Cafer oğlu Musa'dır

Aydınlıkta olan yağ, Musa oğlu Rıza'dır
Ateşin değmediği, Rıza oğlu Cevad'dır (Taki)

Ali Naki hem Hadi, o nur üstüne nurdur
İşte Hasan Askeri, nuruna kavuşturur

Mehdi kadimdir daim, vakti gelince gelir
Tanrı da insanlara, böyle misaller verir

Bu duaları Kur'an'dan almamızın nedeni, son dönemlerde Alevilerin ibadetlerine yönelik değerlendiren kişiler, "Onlar saz çalıyor, dans edip şarkı söylüyorlar" diyenlere bir yanıt vermektir. Aleviler, sözle, semahla ibadet yaparlarken, Tanrı'ya huzuru kalple yöneliyorlar ve Tanrı kelamını terennüm ediyorlar. Ancak bunu kendi dilleriyle yaptıklarından, Kur'an'ı Arapça ezberleyenlerin tepkisine neden oluyorlar... Öte yandan sazlı-sözlü ibadet sadece Aleviler'e özgü değil ki! Örneğin; Hz. Davut'un, dinsel şiirleri beste ile okuyup dans ederek ibadet ettiği bilinmektedir. Bu gerçek, Tevrat kitabında çok açık biçimde yer alır. Mevleviler de gudüm çalıp sema dönüyorlar. Hıristiyanlar org eşliğinde ilahiler söylüyorlar. Amerika'daki Kızılderililer'den, Afrika'daki kabilelere dek bir dolu inanç sahibi müzik eşliğinde ibadet ediyorlar. Tanrı'ya ibadet etmenin tek şekli, tek mekânı, tek duası olmaz ki!.. Herkes dili ile, biçimlendirdiği ibadet şekliyle Tanrı'sına yönelir. Aslolan Tanrı ile gönül bağı kurabilmektir; insanlık için yararlı hizmetler üreterek başaranı hakir görmemektir...

ALEVİLER'İN CEM VE CEMAATLARINDA OKUNAN DUA'LAR GÜLBANG'LAR DEYİŞLERİ VE DÜVAZLARI

ON İKİ İMAMLAR

* **Hz. Muhammed Haşimi** - Ahir zaman Nebisi, son Peygamber, Hz. Abdullah oğlu.

* **Hz. Fatümatül Zehra** - Peygamber kızı, Hz. Ali'nin eşi.

1- **İmam Ali** - Ebu Talip oğlu.

2- **İmam Hasan** - İmam Ali oğlu.

3- **İmam Hüseyin** - İmam Ali oğlu.

4- **İmam Zeynel Abidin** - İmam Hüseyin oğlu.

5- **İmam Muhammed Bakır** - İmam Zeynel Abidin oğlu

6- **İmam Cafer-i Sadık** - İmam Muhammed Bakır oğlu.

7- **İmam Musa-ı Kâzım** - İmam Cafer-i Sadık oğlu.

8- **İmam Ali Riza** - İmam Musa-ı Kâzım oğlu

9- **İmam Muhammed Taki** - İmam Ali Riza oğlu.

10- **İmam Ali'yyül Naki** - İmam Muhammet Taki oğlu

11- **İmam Hasan Ali Askeri** - İmam Ali'yyül Naki oğlu

12- **İmam Muhammed Mehdi** - İmam Hasan Askeri oğlu

YÜRÜYÜP GİTMEYE YOLU DÜZ GEREK

Hubların Şah'ını göreyim dersen
Yürüyüp gitmeye yolu düz gerek
Gönül sarayına davet edersen
Onu kondurmaya arı öz gerek

Hüsnü cemalını görmek istersen
Varıp divanında durmak istersen
Küllü müşkülünü sormak istersen
Onu konuşmaya doğru söz gerek

Şeriat'tan Tarikat'a varmaya
Marifet'ten Hakikat'a girmeye
Hem zahiri hem batını görmeye
Dağ deviren dürbün gibi göz gerek

Vaktin imamına uyun dediler
Açın kulağınız duyun dediler
Bir bozulmaz abdest alın dediler
Fasık olmayacak bir namaz gerek

Aşka gelip ya dost diye çağıran
Yedi Başlı Dev'i vurup deviren
Anolup babasız evlat doğuran
Resmi muayenede bekar kız gerek

Cömert olup sofrasını açanlar
Her dem muhabbetle yeyip içenler
Yükseklerden enginlere göçenler
Onların yurtları bahar yaz gerek

Ey **MÜCRİMİ** bu hallere ermeli
Ayık olup bundan haber almalı
Ölüm var, ölmeden evvel ölmeli
Ahır dünya ölüm bir top bez gerek

CÜMLE İBADETİN BAŞIDIR TEVHİD

Evvel ol Allah'ın adı söylenir
Cümle ibâdetin başıdır tevhid
Pirim Şeyh Safi'den bize kalmıştır
Sofi kardeşlerin kânıdır tevhid

Her kim Şeyh Safi'nin emrini tutmaz
Yorulur bu yolda menzile gitmez
Gayrı millet ona i'tibar etmez
Cümle ibâdetin başıdır tevhid

Tevhid ile bitmez işler bitmiştir
Tevhid ile talib Hakk'a yetmiştir
Tevhid ile dünya karar tutmuştur
Dermansız dertlerin dermânı tevhid

Mürebbisiz müsâhibsiz dâmensiz
İkrarından dönen yanar imansız
Yakın ihlas ile çağır gümansız
Şeyh Safi'nin armağanıdır tevhid

Can **Hatayi**'m tevhid deryâ denizdir
Tevhid etmeyenler bizim nemizdir
Pirim Şeyh Safi'den sermayemizdir
On İki İmamın erkânı tevhid

EDEP İLE ERKÂN İLE GELMELİ

Deriliben Hakk cemine gelenler,
Edep ile erkân ile gelmeli.
Ayn-i cemde saf bağlayıp oturan,
Muhabette hazin hazin gülmeli...

Ayn-i cem kardeşlik yeridir bilin,
Taşra çıkarsanız gönülde kalın.
Bu yolun ıssının himmetin alın
Müminin başında devlet olmalı.

Baylık ile ben varlığı getiren,
Bulunur mu kendi kendin yitiren,
Mürşid ile bir döşeğe oturan,
Kıyamette yüz üstüne kalmalı.

Kudretin meyinden bizler de içtik,
Aşkın cürasından kaynadık coştuk,
Onlar baştır, bizler ayağa düştük,
Aman kardeş haddimizi bilmeli.

Mümin olan mümin nice olmalı,
Dışarıya pazvandını salmalı,
Süpürgeci süpürgesin almalı,
Hizmetler yeterli yerin bulmalı.

Sakacılar saka suyun doldurdu,
Mürşid parmağını suya daldırdı,
Bir damlası binbir şeytan öldürdü,
Nûş edip münkire lanet kılmalı.

Okunur nefesler söylenir düvaz,
Hayırlı olanı pirlerden du, yaz.
Anda kabul olur bin türlü niyaz,
Fark edip de törelerin bilmeli.

Dede olan mürşitliğin bildirdi,
Ayn-i cemi gülbank ile doldurdu.
Cem halkını ayak üste kaldırdı,
Sakin olup yerli yerin bulmalı.

Uyanır zakirler çalınır sazlar,
Anda kabul olur niyazlar, nazlar,
Gele sana ede gelinler, kızlar,
Mümin olan bunda murad almalı.

Boştur sanma **Kul Cevri**'nin emeği,
Sakın kardeş baki sanma yemeği,
Gayet paktır erenlerin yumağı;
Kurban kesip yılda bir kez yunmalı.

ON İKİ HİZMET NEFESİ

Hak'tan bize name geldi
Pirim sana beyan olsun
Şah'tan Gülizar'ı geldi
PEYİK sana haber olsun

Bu yola gelen hacıdır
Kırklar Güruhu Naci'dir
Cem kilidi kapıcıdır
KAPICI'ya haber olsun

Gelin girelim irfana
Mümin müslim hep bir yana
Hizmet verildi Selman'a
SÜPÜRGECİ haber olsun

Hak yoluna eylen nazar
Dört nesneden adem düzer
Kalleş gelmiş cemi bozar
GÖZCÜ sana haber olsun

Mümin yolun yakın ister
Münkirlerden sakın ister
Delil yanmaz yağın ister
DELİLCİ'ye haber olsun

Mümini çekti meydana
Münkiri sürdü zindana
Tekbir verildi kurbana
KASAP sana haber olsun

Zakir zikreyler saz ile
Kur'an okur avaz ile
Mümin müslim niyaz ile
TEZEKER'e haber olsun

Gelin girek tarikata
Kulak verek hakikate
Mümin girmiş ihtikate
TARIKÇI'ya haber olsun

Yola giden haslar hası
Silinsin gönüller pası
Doldur verin engir tası
SAKKA sana haber olsun

Fatmana cemde oturur
Lokmaya kepçe batırır
Cemaata lokma getirir
NAKIP sana haber olsun

Şah Hatai'm varı geldi
Şah'dan Gülizar'ı geldi
Pirden bize destur oldu
İZNİK sana haber olsun

HİZMET EHLİLERE TOPLU DUA

Üçlerin, Beşlerin, Yedilerin, On İki İmamların, On Dört Masum-u Pakların, On Yedi Kemerbestlerin, Kırkların katarından, didarından ayırma.

Onların hürmetine, milletimizin, toplumumuzun birlik ve beraberliğini bozma, huzur ve sükûnet nasip eyle, ya Rabb...

Bütün geçmişlerimize rahmet, geleceğimize selamet ihsan eyle.

Emeklerimizi boşa verme, dualarımızı dergâh-ı izzet'inde kabul eyle.

Nur-i Nebi, Kerem-i Ali, gülbangı Seyyid Mahmudi Hayrani.

Dil bizden, şefaat Hz. Muhammed'den olsun.

Gerçeğe Hû, mümine ya Ali, yatan şehitler uyansın..."

MEYDAN POSTU (SECCADE) HİZMETİ

Süpürgeci (*) meydana süpürge çalıp duasını aldıktan sonra, post'u (seccadeyi) kollarının üzerine alıp üç kez: "Hüü erenler! Muhammed-Ali'nin hizmeti geliyor!" der, her seferinde bir adım atarak meydanın ortasına kadar gelip dara durur ve şu tercümanı okur:

"Destur Pirim!
Muhammed Mustafa'nındır bu seccade
Ali'yyel Mürteza'nındır bu seccade
Hatice-i Kübra, Fatıma-yi Zehra'nındır bu seccade
On İki İmamlar'ındır bu seccade
Pirimiz Hünkâr Bektaş-ı Veli'nindir bu seccade
Cem birliğine, sohbet sırrına, evliya keremine
Hüü diyelim, Allah eyvallah
Nefes Pirdendir..."

Dede, süpürgeciye (Postu seren hizmet sahibine) şu duayı verir:

"Allah... Allah...

Post kadim ola, inkâr fethola. Hayırlığa gelmiş, hayırlığa serilmiş ola. Kırklar meydanına serilen bu kutsal postun üzerinde sorgulanan canların didarı cennet ola, günahları affola. Seccaden temiz, yüzün ak ola. Hizmetinden şefaat bulasın. Dil bizden, nefes Hazret-i Pir'den ola. Gerçekler demine, hü mümine Ya Ali..."

Duasını alan süpürgeci (ya da post hizmetini gören başka biri) postu meydana serer, dört tarafına "Allah, Muhammed, Ya Ali, Hünkâr Bektaş-ı Veli..." der.

(*) Post hizmetini ya meydancı ya da süpürgeci yapabilir.

ÇERAĞ UYARMA GÜLBENGİ

ÇERAĞ DÜVAZI

"Çün çerağ-ı fahr uyandırdık Huda'nın aşkına
Seyyid-ül Kevneyn Muhammed Mustafa'nın aşkına

Sâki-i Kevser Aliyye'l-Mürteza'nın aşkına
Hem Hatice, Fatıma Hayrün-nisa'nın aşkına

Şah Hasan Hulk-ı Rıza hem şah Hüseyn-i Kerbela
Ol İmam-ı Etkıya Zeynel Aba'nın aşkına

Hem Muhammed Bakır ol kim nesli paki Murteza
Cafer-I Sadık İmam-I Rehnuma'nın aşkına

Musa-i Kâzım serfirâz-ı ehl-i Hak
Hem Ali Musa Rızayı sâbiranın aşkına

Şah Taki-yü bâ Naki hem Hasan-ül-Askeri
Ol Muhammed Mehdi-i sahib-livâ'nın aşkına

Pirimiz, Üstadımız Bektaş Veli'nin aşkına
Haşredek yanan yakılan aşıkan'ın aşkına..."

ÇERAĞ DÜVAZI (MHAMMED ALİ'NİN NURU'DUR VALLAH)

Kudret Kandili'nde parlayıp duran
Muhammed Ali'nin Nuru'dur vallah
Zuhur edip küffar askerin kıran
Elinde Zülfikar Ali'dir billah

Elinde Zülfikar, altında Düldül
Kanber önü sıra dilleri bülbül
Hazret-i Fâtıma cennette bir gül
Ona sırrım dedi Hak Hâbibullâh

Zuhur etti İmam Hasan, Hüseyin
Onların nurundan ziyalandı din
Kırk pare bölündü Zeynel-Abidin
Çekeriz yasını hasbeten lillah

Muhammed Bâkır'dan Câfer-i Sadık
İmam Musa Kâzım hem Rıza dedik
Tarikat suyuyla cismimiz yuduk
Hak buyurdu mümin kalbi Beytullah

Taki, Naki, İmamların civanı
Hasan-ül Askeri cismimin canı
Elinde hücceti sahib-zamanı
Vakit tamam oldu göndere Allah

Ta ezel ezelden böyle kuruldu
Hariciler bu dergahtan sürüldü
Kün deyince yedi kat yer dürüldü
Bir harf ile bina tuttu arşullah

VİRÂNİ'yem niyazım var üstaza
Elinde Zülfikar hem ehl-i gaza
Binbir dondan baş gösterdi Murtaza
Biz bir bildik, dedik Allah eyvallah

ÇERAĞ GÜLBANGI

Çün çırağı fahri uyandırdık ol Hüdanın aşkına.
İki cihan serveri fahri âlem Muhammed Mustafa'nın aşkına.

Şah Hasan Şah Hüseyin Kerbela'nın aşkına.
On İki İmam sedri vilayet pişvanın aşkına.

Çardeyi Masum Pâk Ali abanın aşkına.
Hazreti Hünkâr kutbi evliyanın aşkına.

Zahir batın gerçeklerin aşkına.
Haşre dek yansın yakılsın billah onların aşkına.

Erenlerden haklı hayırlı himmet şey'en lillah
Allah eyvallah. Erenlerin himmetiyle Allah Allah diyelim.

HİZMET DUASI

"Bismişah! Allah Allah!..

Hizmetin mübarek olsun...

Yardımcın Hakk-Muhammed-Ali olsun...

Bu pir postunda Hak-Muhammed-Ali seni doğruluktan ayırmasın.

Adaletin Hz. Ali'nin adaleti olsun. Haksız görüp gözetmeyesin...

Doğrudan yana olasın. Zengini, fakiri ayırtmayasın...

Bu evreni var eden yüce Allah seni şaşırtıp düşürmesin...

Doğru oturup, doğru karar veresin...

Üçlerin, Beşlerin, Yedilerin, On İki İmamların, On Dört Masum-u Pakların, On Yedi Kemerbestlerin ve Kırkların katarına, didarına nail olasın...

Üzerine aldığın hizmetinden şefaat bulasın...

Dil bizden himmet Hünkâr Bektaş Veli'den ola...

Gerçeğe Hûûû, mümine ya Ali..."

CEMİN MÜHÜRLENMESİ I

Dede "Cem birleniyor, sağa sola bakmak yoktur..." der ve cemde bulunanlar edeb-erkân ile dedenin nutkunu dinlerler. Cemin asıl ibadet bölümünü oluşturan "Cemin Mühürlenmesi" şu sıraya göre yapılır:

Dede (ya da Gözcü):

"Edeb, erkân!" der. Herkes dizde edeb-erkân oturur. Cem başlamıştır. Dede artık yüksek sesle Salavat'tan başlayarak **Mühürleme**'yi, **Nadi Ali**'yi, **Bağışlama**'yı, **İstiğfar**'ı, **Tevbe Düvazimamı**'nı okur. En sonunda bir dua eder.

SALAVAT: Dede "Evvel baştan Muhammed Mustafa'ya candan salavat..." deyince tüm cemaatle birlikte: "Allahümme salli alâ seyyidina Muhammed ve Al-i Muhammed..." der ardından yüksek sesle "Gerçeğe hü, mümin müslim, bacı kardeş. On iki hizmet sahipleri ve bütün canlar yerini alsın. Birliğe varacağız, ikilik kalkacak. Burası Hak meydanıdır. Muhammed-Ali divanıdır. Herkes hesabını burada görsün. Allah kimseyi kul hakkı ile huzurunda sorgulamasın. Bu cemde herkes ana, baba, kardeştir. Dileğimiz, gönül birliği ile Hakk'a yalvarmaktır. Bu cemler eline, diline, beline sahip olanların yeridir. Yolumuz kıldan ince, kılıçtan keskindir. Allah kimseyi pis nefsine uğratmasın. Döktüğünüz varsa doldurun, ağlattığınız varsa güldürün, yıktığınız varsa kaldırın. Söylediğiniz bizde, sakladığınız sizde kalır. Hak vebali boynunuza. Bu ibadetimizin kabulünü Hak-Muhammed-Ali'den niyaz edi-yoruz. Edeb erkân, mümine nişan. Müminin nişanı görüşmekle olur. Herkes birbiriyle görüşsün..." der, Mühürleme'ye geçer.

MÜHÜRLEME: (üç kez tekrarlanır)

"Cemimizi mühürledik. Allah'ın emriyle bir hisar yaptım. Cebrail'in mührü ile mühürledim. Hasan, Hüseyin'in kilidi ile kilitledim. Ya Ali, bu cemaati sana ısmarladım. Verelim Muhammed Mustafa'ya Ehl-I Beyt'e candan salavat..." der.

"Cemimizi mühürledik. Allah'ın emriyle bir hisar yaptım. Cebrail'in mührü ile mühürledim. Hasan, Hüseyin'in kilidi ile kilitledim. Ya Ali, bu cemaati sana ısmarladım. Verelim Muhammed Mustafa'ya, Ehl-I Beyt'e candan salavat..." der.

"Cemimizi mühürledik. Allah'ın emriyle bir hisar yaptım. Cebrail'in mührü ile mühürledim. Hasan, Hüseyin'in kilidi ile kilitledim. Ya Ali, bu cemaati sana ısmarladım. Verelim Muhammed Mustafa'ya, Ehl-I Beyt'e candan salavat..." der.

CEM MÜHÜRLEME DUASI II

"Bismişah! Allah Allah!..

Cemimizi birledik. Muhammed'in nübüvet mühürü ile mühürledik. Ali'nin kilidi ile kilitledik. Ya Allah sana sığındık.

Biz severiz Hakk-Muhammed-Şah'ı Merdan Ali'yi. Erleri, pirleri, onun Ehlibeyt'ini.

Mümin olan bozmaz hiçbir zaman ahtını.

Bu ibadetle tazelenir müminlerin ikrarı. İkrar vermiş dönmez Sultan Hatayi..." (üç kez tekrarlanır)

"Cem dirliği ile, gönül birliği diyelim Allah Allah!.." diyerek cemaati secdeye getirir ve devam eder:

"Bismişah, Allah Allah!..

Gönül birliği ile, itikat bütünlüğü ile.

Eli erde yüzü yerde...

Hakk'ın huzurunda secde etmiş, bütün mümin müslim canların, istek ve arzularını yerine getir, günahlarını af et, ya Rab.

Meydanlarımızı abad, cemlerimizi Kırklar Cemi eyle.

Bizleri Ehlibeyt'in katarından, didarından ayırma.

Ey yerleri gökleri var eden yüce Allah; bizleri doğruluktan, doğru yoldan ayırma. Dertlerimize derman, gönüllerimize iman, nefsimize sabır, ihsan eyle.

Şu anda sana Allah Allah diyen dillerin, dilde dileklerini gönülde muratlarını ver ya Rab...Görünür görünmez kazadan beladan koru.Dualarımızı dergah-ı izzet'inde kabul eyle. Emeklerimizi boşa verme.

Evliyaların ve embiyaların hürmetine, şefaatından mahrum eyleme, ya Rab...Nur-i Nebi, Kerem-i Ali, gülbangı Hünkâr Bektaşi Veli. Dil bizden, himmet Hakk'tan ola.

Gerçeğe Hûû, mümine ya Ali!.."

BAĞIŞLAMA

"Allahümme salli alâ seyyidina Muhammed Mustafa yüzü suyu hürmetine bağışla

Allahümme salli alâ seyyidina Aliyyel Mürteza yüzü suyu hürmetine bağışla

Allahümme salli alâ seyyidina Hasan-ül-Mücteba yüzü suyu hürmetine bağışla

Allahümme salli alâ seyyidina Hüseyn-i Kerbela yüzü suyu hürmetine bağışla

Allahümme salli alâ seyyidina Zeynel-Abâ yüzü suyu hürmetine bağışla

Allahümme salli alâ seyyidina Bakır Bakâ yüzü suyu hürmetine bağışla

Allahümme salli alâ seyyidina Câfer Rehnümâ yüzü suyu hürmetine bağışla

Allahümme salli alâ seyyidina Musa Kâzım yüzü suyu hürmetine bağışla

Allahümme salli alâ seyyidina İmam Rıza yüzü suyu hürmetine bağışla

Allahümme salli alâ seyyidina Muhammed Taki yüzü suyu hürmetine bağışla

Allahümme salli alâ seyyidina Ali Naki yüzü suyu hürmetine bağışla

Allahümme salli alâ seyyidina Hasan-ül Askeri yüzü suyu hürmetine bağışla

Allahümme salli alâ seyyidina Muhammed Mehdi yüzü suyu hürmetine bağışla

Allahümme salli alâ seyyidina Erenler, evliyalar yüzü suyu hürmetine bağışla..." der, **Tevbe İstiğfar**'ı okur.

TEVBE İSTİĞFAR

"Tevbe günahlarımıza estağfırullah, estağfırullah, estağfırullah! Elimizle, dilimizle, belimizle işlediğimiz bütün günahlarımız için, bilerek ya da bilmeyerek, açık ya da gizli olarak işlediğimiz bütün hatalarımız için tevbeler olsun.

Ey evrenin sahibi Ulu Tanrı!

Doğduğumuz günden bu ana gelinceye kadar bilerek bilmeyerek işlediğimiz kov, gıybet, hata, isyan, küçük ve büyük günahların hepsine can-ü gönülden tevbe ettik, pişman olduk. Bir daha işlemeyeceğimize tevbe estağfırullah. Kul kusur işler, sultan bağışlar. Tevbe estağfırullah. Evvelimiz Adem atamızdır, sonumuz bizim peygamberimiz iki cihan serveri Muhammed Mustafa'dır. Bu ikisi arasında her ne kadar peygamberler, veli-ler, nebiler, gerçek erenler geldi geçti ise hepsi haktır, hepsine inandık iman getirdik. Hak-Muhamamed-Ali yoluna, ilkelerine bağlandık. Ey ulu Tanrımız! Günahlarımızı yarlığa, tevbeleri-mizi kabul eyle!" der, ardından Tevbe Düvazı'nı okur.

TEVBE DÜVAZI (Dede ya da zakir isterse sazla da çalıp söyleyebilir)

ESTAĞFIRULLAH

Hatalar etmişim noksandır işim
Tevbe günahımıza estağfırullah
Muhammed-Ali'ye bağlıdır başım
Tevbe günahımıza estağfırullah

Hasan, Hüseyin balkıyan nur ise
İmam Zeynel sır içinde sır ise
Özümüzde kibir, benlik var ise
Tevbe günahımıza estağfırullah

Muhammed Bakır'ın izinden çıkma
Yükün Cafer'den tut, gayriye bakma
Hatıra dokunup gönüller yıkma
Tevbe günahımıza estağfırullah

Musa-i Kazım'a daim niyazım
İmam-ı Rıza'ya bağlıdır özüm
Eksiklik, noksanlık, hep kusur bizim
Tevbe günahımıza estağfırullah

Taki ile Naki benziyor aya
Ali emeklerimizi vermeye zaya
Ettiğimiz kötü işe bed-huya
Tevbe günahımıza estağfırullah

Hasan-Askeri'nin gülleri bite
Mehdi gönlümüzün gamını ata
Ettiğimiz yalan, koğu gıybete
Tevbe günahımıza estağfırullah

CAN HATAYİ'm eder Bağdat, Basıra
Böyle güne kaldık, böyle asıra
Sen Kerem Kânısın kalma kusura
Tevbe günahımıza estağfırullah

CEM BİRLEME GÜLBANGI

"Bismişah! Allah Allah!

Akşamlar hayr ola, hayırlar feth ola. Müminler şad ola, meydanlar âbaâd ola. Sırlar mestur ola, Hak-Muhammed-Ali erenler ceminde hizmet görenleri, cemde bulunan bacılar kardeşleri cümle muhibi ehli heyetle birlikte didarlarından, katarlarından ayırmaya.

On İki İmam, On Dört Masum Pak, On Yedi Kemerbestin himmetleri üzerimizde ola. Kutbül arifin gavs el vasilin, Seyyid Muhammed Hünkâr Hacı Bektaş Veli muin ve destgirimiz ola...

Üçler, Beşler, Yediler, Kırklar ve rical-el gayb erenleri, sefa nazarlarını esirgemeye. Cenab-ı Hak cümlemizin münkir münafık şerrinden, âdu mekrinden hıfz-ı emande eyleye. Dertlerimize derman, gönüllerimize iman, hastalarımıza şifa, borçlarımıza eda nasip eyleye. Güruh-u Naci'ye ve Zümreyi Salihi'ne katılmak müyesser eyleye... Namerde muhtaç eylemeye. Vaktimiz hayır gele...

Dil bizden, nefes Hazreti Şahımerdan Ali'den ola...

DUA

(Dede dua okurken bütün canlar secdeye varır.)

"Can-ı dilden, can-ı gönülden diyelim bir Allah. Allah, Allah, Allah...

Allah, Muhammed, Ali, Hünkâr Hacı Bektaş Veli. Yetişe ulaşa, dilde dilekleri, gönülde muratları vere. Kazalara, belalara kalkan ola. On İki İmamlar cemalinden, nurundan ayırmaya. Her gönülde bir murat vardır: Murat isteyenin muratlarını, dilek isteyenin dileklerini ihsan eyleye. Cümlemizi sancağının altında saklaya, bekleye. Hastalarımıza şifa, dertlerimize deva, borçlarımıza eda nasip eyleye. Destimiz deman, küfrümüz iman, yardımcımız On İki İmam ola. Ali'den bakım, Hak'dan nazar ola.

Seksen bin Urum Erleri, doksan bin Horasan Pirleri, yüz bin Gayb Erenleri yetişe, ulaşa, dilde dilekleri, gönülde muratları vere. Vakitler hayr ola, hayırlar feth-ola, şerler def-ola.

Niyazlarımız Hak Dergahı'nda kabul ola. Gözümüzden yaş, duvarımızdan taş düşürmeye. Ocaklar başı aydın ola. On İki İmamlar cümlemize yardım eyleye. Akşamlar kutlu, ağızlar tatlı ola. Ceddi cemalim yolumuzu yolsuza, uğursuza, pirsize uğratmaya.

Şeytanın şerrinden, görünür görünmez kazadan, beladan saklaya, bekleye. İki cihanda korktuğumuzdan emin, umduğumuza nail eyleye. Dil bizden nefes Hazret-i Pir'den ola.

Dem Ali, sırr-ı Nebi, Pirimiz Hünkâr Hacı Bektaş Veli, kerem-i evliya, gerçekler demine hû..."

CEMEVİNİN AÇILIŞ GÜLBANGI

Bismişah! Allah Allah!
Çerağı ruşan,
Fahr-i dervişan,
Mana-i Piran,
Kuvvet-i Abdalan,
Selamet-i gariban,
Huzur-u hâzirun,
Kaanun-u evliyâ,
Nur-u âli âba
Allah Allah.

Akşamlar hayr ola, hayırlar feth ola, şerler def ola, müminler ber-murad ola, münafıklar berbad ola, demler daim, cemler kaim ola, ibadetlerimiz makbul ola, Üçler, Beşler, Yediler, On İki İmam, On Dört Masum-i Pak, On Yedi Kemerbest Efendilerimiz şefaatçımız ola, çerağ-ı kanun-u Evliyâ ebedi ola, Nur-u Nebi Keremi Ali Pirimiz Hünkâr Hacı Bektaş Veli ve gerçek erenler demine devranına Hû.

CEM BAŞLATMA GÜLBANGI

Bismişah! Allah Allah!

Akşamlar hayır ola, hayırlar feth ola, meydan abâd ola, sırlar mestur ola, gönüller mesrur ola, fakir fukara mamur ola, Er Hak Muhamamed Ali yardımcımız gözcümüz bekçimiz ola, On İki İmam, On Dört Masum-u Pak, On Yedi Kemerbest efendilerimiz katarlarından didarlarından ayırmaya, Pirimiz, Üstadımız Hünkâr Hacı Bektaş Veli, Balım Sultan Efendilerimiz muin ve desti-girimiz ola, üçlerin, beşlerin, yedilerin, kırkların ve Ricalülgayıp erenlerinin Kutbül-aktap efendilerimizin hayır ve himmetleri safa nazarları üzerimizde hazır ve nâzır ola, Allah erenler münkir münafık şerrinden, şeytanın mekrinden emin ve hıfzı himaye eyliye, iki cihanda korktuğumuzdan emin, umduğumuzu nail eyliye.

Dertlerimize derman, gönüllerimize iman, hastalarımıza şifa, boçlarımıza edalar ihsan eyliye. Zümre-i Salih'den, Güruhu Naci'den eyliye. Allah erenler devlet ve milletimizin kılıcını keskin, sözünü üstün eyliye, gökten hayırlı rahmetler, yerden hayırlı bereketler ihsan eyliye.

Niyazlarımızı (lokmaları) kabul eyliye, hizmetlerinizi zaya götürmeye, dualarımızı dergah-ı izzetinde kabul eyliye, vaktimiz hayırlı gele. Dil bizden nefes Hazreti Hünkâr Efendimizden ola. Yuh münkire, lanet Yezid'e, rahmet mümine.

SAZ NİCE VARLIĞI DİLE GETİRİR

Yiğit olan kazancını hakeder
Saz bir çalgı değil Hakk'ı zikreder
İmam Zeynel Abidin'den nakleder
Saz nice varlığı dile getirir

Türk Orta Asya'yı saz ile geçti
Bütün aşıklarla doluyu içti
Pir Sultan Abdal'la zindana düştü
Saz nice varlığı dile getirir

Saz idi şiire veren heceyi
Sazdır burda gündüz eden geceyi
Saz dinlemez kadı ile hocayı
Saz nice varlığı dile getirir

Saz idi Kırklar'a mey sesi veren
Dinlemesin kardaş onu hor gören
VEYSEL değil midir sırrını veren
Saz nice varlığı dile getirir

ADİL ALİ ATALAY der bu sazı
Çalar da anlamaz cahiller bazı
Âşık vursun tele, anlatsın bizi
Saz nice varlığı dile getirir

TERCEMANIN ŞERHİNDEN BEYAN EYLEYEM

Senin ile biraraya gelirsem,
Tercemanın şerhin beyan eyleyem
Nebi serverinden haber alayım,
Tercemanın şerhin beyan eyleyem

Tekbir Allah ekber rızâ-yı celil,
Cebrail önünce gelmiştir delil
Tekbiri aldı da İbrahim Halil
Tercemanın şerhin beyan eyleyem

Ilgıt ılgıt olmuş akıyor kanı,
Didâr görem deyu titriyor canı
Arzulamış Hasan Hüseyn didarı,
Tercemanın şerhin beyan eyleyem

Beytullahtır İmam Zeynel durağı
Orda yanar İmam Bâkır çerağı
Ol kurbandır mahşer yerin durağı
Tercemanın şerhin beyan eyleyem

Şâh-ı merdan Ali eyledi bazar
Melekler tüyünü ibrişim düzer
İmam Cafer ayetinde hem yazar
Tercemanın şerhin beyan eyleyem

İlm-i hikmet dürür gördük zâtını
Kabul etti Kâzım münacâatını
Kırma kemiğini ezme etini
Tercemanın şerhin beyan eyleyem

Aşıklar ismini ilmilen okur
İmamlar el koçun yoluna bakar
İmam Rıza tüyün bir kemha dokur
Tercemanın şerhin beyan eyleyem

Muhammed Taki kaynadub coşturan
Ali Naki halleyleyip pişiren
Askeri'den Askeri'ye düşüren
Tercemanın şerhin beyan eyleyem

Kul Mustafa'm edep irfan kuruldu
Kırkların aşkına lokma verildi
Üstâdım **Hata(yi)** Mehdi'yle göründü
Tercemanın şerhin beyan eyleyem

TEVBE DUASI

Bismişah! Allah Allah!..

Ey cem erenleri!..

Hakk Tevbe Suresi'nin 119 ayetinde 'Ey müminler! Allah'dan sakının, doğrularla beraber olun' buyuruyor.

Gelin öz gönül birliği ile yargılanmamızı dileyelim:

Tevbe günahlarımıza estağfırullah, estağfırullah, estağfırullah.

Ya Rabb, doğduğumuz günden bu ana gelinceye kadar eğer bilerek bilmeyerek işlediğimiz kov, gıybet, hata, isyan, küçük büyük günahların hepsine canı gönülden tevbe ettik, pişman olduk.

Bir daha işlemeyeceğimize tevbe estağfırullah.

Kul kusur işler, Sultan bağışlar.

Tevbe estağfırullah. Evvelimiz Adem atamızdır, sonuncumuz bizim peygamberimiz iki cihan serveri Muhammed Mustafa'dır.

Bu ikisi arasında her ne kadar peygamberler, veliler, nebiler, gerçek erenler geldi geçti ise hepsi haktır, hepsine inandık, iman getirdik.

İnanıp iman ettiğimiz, huzurunda secdeye eğildiğimiz, bu evreni var eden, bir eşi ve benzeri olmayan, o yücelerin yücesi Hakk, korktuğumuza uğratmasın, istek ve arzularımıza nail eylesin.

Gökten hayırlı rahmet, yerden hayırlı bereketini bizlerden esirgemesin.

Bütün insanlık alemine, dostluk ortamı içerisinde, kardeşçe, huzurlu bir yaşam versin. Bizleri görünür görünmez kazadan beladan korusun.

Dualarımızı dergah-ı izzet'inde kabul eylesin.

Emeğimizi boşa vermesin, şefaatından mahrum eylemesin.

Nur-i Nebi, Kerem-i Ali, Gülbangı Seyyid Mahmudi Hayrani.

Dil bizden, murat Hakk-Muhammed-Ali'den ola.

Gerçeğe Hûû, mümine ya Ali, yatan şehitler uyansın..."

DÜVAZİMAM

HÜNKÂR HACI BEKTAŞ VELİ GEL YETİŞ

Medet, mürvet dedim kapına geldim
Muhammed Mustafa, Ali gel yetiş
İsyan deryasına gark olup kaldım
Hünkâr Hacı Bektaş Veli gel yetiş

Şu benim halimi Pirime bildir
Gönlümün evini nur ile doldur
Cesedim ölmeden nefsimi öldür
Hatice, Fatıma, ulu gel yetiş

Bir yanımda nefs-i emmârem azar
Bir yanda vesvese çok hile düzer
Melek günahımı yazmaktan bezer
Şah Hasan, Hüseyin, dolu gel yetiş

Yezid'in elinden müşkül halimiz
Münafıklar faş eyledi yolumuz
El-aman Yâ Zeynel sen tut elimiz
Muhammed Bakır'ın dili gel yetiş

Tamaha aldanma geziyor her bar
Hırsa, nefse fırsat verme ya Cebbâr
Sana sığınmışız Vahid-ül Kahhar
Car günümdür Câfer eli gel yetiş

Dağlarca günahım gel vurma yüze
Cehennem nârını gösterme bize
Musâ Kâzım ile Şah İmam Rıza
İmam Taki, Naki Ali gel yetiş

Tevbekârım muhabbetim bu yolda
Mürüvvet dilerim kusurum elde
Göster cemalini eyleme dalda
Askeri gönlümün gülü gel yetiş

NOKSANİ arz eder didarı cennet
Masum-u Pâklardan erişe himmet
Sana sığınmışım Mehdi Muhammed
Sarı Saltık Kızıl Deli gel yetiş

BİSMİ ŞAH ALLAH ALLAH GÜNÂHIMI BAĞIŞLA

Sabah oldu kutlu günler doğuyor
Hatâ ettim günâhımı bağışla
İhsan ettiğine nurlar yağıyor
Hatâ ettim günâhımı bağışla

Yağan yağmur için esen yel için
Dergâhına varan doğru yol için
Rum'daki Hacı Bektaş Veli için
Hatâ ettim günâhımı bağışla

Ol seksen bin Rum erenleri için
Doksan bin Horasan pirleri için
Hasan Hüseyin'in nurları için
Hatâ ettim günâhımı bağışla

Hüseyin Gazi'çün gerçek er için
Nazar edip yarattığın yer için
Müşkilleri halleden rehber için
Hatâ ettim günâhımı bağışla

Talib olamaz rehbersiz babasız
Harman mı savrulur yelsiz yabasız
Kul hatasız olmaz hata tevbesiz
Hatâ ettim günâhımı bağışla

Eyyub Peygamber'in gözü yaşıyçin
İnip inip deldiceği taş için
Yusuf Peygamber'in aziz başıyçin
Hatâ ettim günâhımı bağışla

Musa'ya verdiğin Tûr'un hakkıçin
İsa'ya verdiğin sûrun hakkıçin
Ol şems-i kamerin nurun hakkıçin
Hatâ ettim günâhımı bağışla

Cümle biten çiçeklerin hakkıçin
On İki Mah'sum'i Pak'ın hakkıçin
Sen ganisin sende senin hakkıçin
Hatâ ettim günâhımı bağışla

Hatayi çağırır aman Enelhak
Münkir kullarından et bizi uzak
Sen ganisin senden gayri kimsem yok
Hatâ ettim günâhımı bağışla

DÜVAZİMAM

BİZİ DERGAHINDAN MAHRUM EYLEME

Allah medet Ya Muhammed Ya Ali
Bizi dergahından mahrum eyleme
Pirim Hünkâr Hacı Bektaş-ı Veli
Bizi dergahından mahrum eyleme

Âdem safiyullah atam hakkı-çün
Eyyub'a sürülen sitem hakkı-çün
Muhammed Mustafa hatem hakkı-çün
Bizi dergahından mahrum eyleme

Hasan'ın aşkına kılalım zârı
Hüseyin'dir dinimizin serveri
Alemler Cebbârı Cenâb-ı Bâri
Bizi dergahından mahrum eyleme

Zeynel'in canına kıldılar ceza
Ol İmam Bakır'dır sırr-ı Mürteza
İmam Câfer, Kâzım Musa'yı Rıza
Bizi dergahından mahrum eyleme

MUHAMMED'im eder ey Gani Kadir
Taki, Naki, Asker, er-Rahmanımdır
Muhammed Mehdi'ye hû niyazımdır
Bizi dergahından mahrum eyleme

DÜVAZİMAM

UMARIM KURTARA CÜMLE BELADAN

İnâyettir bize Fazl-ı Hudâ'dan
Umarım kurtara cümle belâdan
Her dem ki şefaat eyle Muhammed
Evvel himmet Aliyyel-Mürtezâ'dan

Şah Hasan'dan bulduk meyl-i muhabbet
Şah Hüseyin şehid-i Kerbela'dan
İmam Zeynel, İmam Bâkır-ı Câfer
Delil bize Kâzım Musa Rızâ'dan

Şah Taki bâ Naki, Askeri billah
Gelecektir Mehdi Şah evliyadan
Dediler **HATAYİ**'m ne meşrebdensin
Aşk-ı muhabbetten sıdk-ı safâdan

TEVHİD I (GEL DERTLERE DERMAN EYLE)

Medet hey Allahım medet
Gel dertlere derman eyle
Yetiş Ya Ali, Muhammed
Gel dertlere derman eyle

Er odur ki Hakk'ı göre
Hakk'ın didarına dura
Hatice Fatıma Zöhre
Gel dertlere derman eyle

Hasan, Hüseyin aşkına
Yardım edesin düşküne
İmam Zeynel'in aşkına
Gel dertlere derman eyle

İmam Bâkır'ın katına
Câfer'in ilm-i zatına
Musa Rıza hürmetine
Gel dertlere derman eyle

Şah Taki'nin ve Naki'nin
Askeri'nin Kemteri'nin
Yarlığamak senin şanın
Gel dertlere derman eyle

Var Allah'tan dilek dile
Mehdi sahip zaman gele
DEDEM-OĞLU secde kıla
Gel dertlere derman eyle

TERCEMAN 1

"Bana bu divanda soru sorulsun, öbür dünyada soru sorulmasın. Kur'an ne buyurduysa ona göre davranayım. Pirin ve Tanrı'nın da divanında yüzüm ak olsun, dört kapı kırk makamda ona göre davranıp kendimi düzelteyim.

TERCEMAN 2

1- Bismişah! Allah Allah!

Kaşların mihrabe karşı ben niyaza gelmişim, Kıble gördüm, onun için ben niyaza gelmişim. Kıblegâhımdır Muhammed, secdegâhımdır Ali, Ber-Cemâl-i Muhammed... Ali...

2- Bismişah! Allah Allah!
Eyledin dergâh-ı Hakk'a niyaz
Kıldım erenler huzurunda çaldım saz
Ta edem Şah'ın çerağın ruşenâ
Hem erenler dergâhı bulsun ziyâ...
Ber-Cemâl-i Muhammed... Ali...

MÜRŞİDİN PİR'E DUASI

"Bismişah! Allah Allah!

Pir'imiz İmam Hüseyin, Muhammed Mustafa, Aliyel Murteza, Hatice'yi Kübra, Fatımatı Zehra, On İki İmamlar, On Dört Masum-u Paklar, Üçler, Beşler, Yediler, On Yedi Kemerbestler, Kırklar, yetmiş iki şehit, şühedalar, erler, Pirler, Veliler, Nebiler, ruhsatını açık eyleye, işin sağ yüzün ak olsun. Hizmetinden şefaat bulasın, gerçeğin demine, devranına Allah, eyvallah..."

SADIK KALMALI

Dinlerseniz bir nasihat edeyim
Ahiretin tedarikin görmeli
Bir gün yolumuza çöker karanlık
Burda iken bir menzile ermeli

Şeytana uyanlar ortada kalır
Kişi benlik ile menzil mi alır?
Böyle sözler ile ahret mi olur?
Küllü varın ile teslim olmalı

Bismişah dedim de açtım gözümü
Haki payan sürem kara yüzümü
Kipçe tut kulağın dinle sözümü
Burda iken bir gerçeği bulmalı

Gerçek nedir? Arif nedir? Kul nedir?
Hakk'a doğru dürüst giden yol nedir?
Açılmış bahçede gonca gül nedir?
Yolup goncasını haber vermeli

Hakk'tan inayettir bize bu saadet
Muhammed Mustafa Ali'ye hürmet
Ceset burda kalır can olur zahmet
Canı kurtaracak sahip bulmalı

Gafil olma gafil adam bu deme
Geçti ömür gitti ömür ne çare
Ne cevap verecen vardığın yere
Kiraman katiple hesap görmeli

Derviş Muhammed der el aman mürvet
Umarım ahrette çektirme zahmet
Efendim kapında dilerim rahmet
Rahmet dilemeye sadık kalmalı

PEYK (HABERCİ) DUASI

Bismişah, Allah, Allah!..

Geldiğin yoldan, durduğun dardan, gideceğin yerden hayırlı haber ve sağlık getiresin... Hizmetinden hayır hasenat göresin, hizmetin Cebrail Aleyhisselamın hizmeti olsun. Erler, Pirler yardımcın, Hızır Aleyhisselam kılavuzun olsun. Zorda kalmayasın, engelle karşılaşmayasın. Her işin düz olsun, gayretin bol olsun, hizmetinde şefaat (yardım) bulasın. Allah, eyvallah...

TARİKAT TELKİNİ I

"Geldiğin Ali yolu, durduğun Mansur dar'ı. Gördüğün Hak didarı, Hak cesedine can verdi. Kalbine imân verdi. Ağız talib, dil mürşid, Erenler meydanında ne gördün ne işittin?"

TARİKAT TELKİNİ II

"Allah eyvallah kapısında, döktüğün varsa doldur. Ağlattığın varsa güldür. Yıktığın varsa kaldır. Doğru gez, dost gönlünü incitme. Mürşide teslim-i rızâ ol. Yalan söyleme, haram yeme, zina etme. Elinle koymadığın şeyi alma, gözünle görmediğin şeyi söyleme. Gelme gelme, dönme dönme. Gelenin malı dönenin canı. Riya ile ibadet, şirk ile itaat olmaz. Söylediğin meydanın, sakladığın senin. Allah eyvallah...

TARİKAT TELKİNİ III

"İçinizde küskün ve dargın varsa gönül açıklığıyla küçük büyüğün elini öpsün, o da onun yüzünü öpsün. Böylece aradaki kırgınlıklar kalkmış olur. Çünkü müminlerde kin, kibir olmaz."

"Cemaat içinde inadında ısrar edip barışmayan kimse varsa lütfen cemaatı terk etsin. Bizi fuzuli meşgul etmesin."

HÛ DEYÜ

Zahit hû demeyi inkâr eyleme
Ya niçin çağırır insan hû deyü
Hû demenin aslı nedendir söyle
Gel edelim sana beyan hû deyü

Evvel hû âhir hû Allhü ekber
Cemal-i nurundan doğdu bu gevher
Muhammed Mustafa İmam-ı Hayder
Ol gevherden oldu keyvan hû deyü

Çün bu tecelliden iş başa geldi
Gevher derya oldu hem cuşa geldi
Onda çark-ı felek cümbüşe geldi
Dem bu demdir döner dünya hû deyü

Erenler gizliydi ulu mekânda
Muhammed'le Ali bir idi anda
Lâfetâ okuyup karşı duranda
Yedi kez çağırdı Cihan hû deyü

Muhammed hâtem peygamber oldu
Ali evliyaya Şah, server oldu
Selman Muhammed'e hem rehber oldu
Ol günde yürüdü erkân hû deyü

Bir üzüm tanesi ol Şah elinde
Kırklar'a gönderdi kısmet gününde
Çıkınca Mustafa Mirac yolunda
Şehadet eyledi Selman hû deyü

Bir üzüm danesin getirdi Selman
Kırklar demi ol dem etti galeyan
Muhammed onlarla birlikte ey can
Hû Allah söyledi irfan hû deyü

Kırklar dahi içti cümle mest oldu
Şahı Merdan cümlesinden üst oldu
Hezar post bağlayıp Kemerbest oldu
Semaha girdiler hemen hû deyü

Kırkların birine neşter vuruldu
Aktı kan cümleden ispat olundu
Hak onda mevcuttu mevcut bilindi
Hû Allah çağırdı Sultan hû deyü

Anlar âşık oldu yâr yâra karşı
Niyaz eylediler Settâr'a karşı
Kırkların cümlesi didara karşı
Baktılar hayran kaldılar hû deyü

Hû ile hû demenin manâsı birdir
Ezelden kurulmuş bir kadim yoldur
Hak Muhammed Ali cümlesi birdir
Hak'tan nida geldi yeksan hû deyü

Hû demenin aslı böyledir böyle
Zâhid nedir sözün gel beri söyle
İmanın tazele şehadet eyle
Gel sen de bu renge boyan hû deyü

Kul Himmet meydanda sarhoş olalı
Habibin aşkına medhuş olalı
Can gözü tecelliye hem duş olalı
Hayali gözümde mihman hû deyü

ÇERAĞCI HİZMET GÜLBANGI

"Bismişah! Allah Allah...

Cümle hizmetlerin kabul ola, muradın hasıl ola, iki cihanda yüzün ak ola, meydanın açık ola. Allah-Muhammed-Ali, On İki İmam, On Dört Masumi Pak, On Yedi Kemerbest Efendile-rimiz yardımcın ve el tutucun ola, Hızır yoldaşın, Hak erenler haldaşın ola. Pirimiz Hacı Bektaş Veli Hazretleri senden hoşnut ola, İnayeti Seyyid-i Kâinat sırrı Şah-ı Velâyet gerçekler de-mine Hû."

ÇERAĞ TERCEMANI

"Bismişah! Allah Allah...

Çerağ-ı ruşan, fahr-i dervişan, zuhur-i iman, Himmet-i pir-i Horasan, kürşadı meydan, kuvve-i abdalan, kanuni evliya, gerçek erenler demine Hû. Çerağ-ı evliya nurus-semavat, ki menzildir ol turu münacat. Kaçan kim ruşen ola, kıl niyaz, Muhammed-Ali'ye candan salavat."

DELİL GÜLBANGI

"Bismişah! Allah Allah...
Hizmetin kabul ola, muradın hasıl ola.
Divan-ı dergâhta yüzün ak, özün pak ola.
Hizmetinle şefaat bulasın.
Şevkimiz Şahı Merdan şevki ola.
Gerçeğin demine Hû."

AYAN EYLEDİ

Nur-u Nübüvvetten olunca âgâh
Ali Muhammed'e iman eyledi
Anınçün Cenabı Hazreti Allah
Ali'ye Velâyet ihsan eyledi

Nübüvvetsiz asla Velâyet olmaz
Velâyetsiz dahi Nübüvvet olmaz
Hakk'ı elden komak hakikat olmaz
Bunu bilmeyenler ziyan eyledi

Lütf-ü Hakk'la Ahmed bir peygamberdir
Sâye-i Ahmed'e Veli Hayder'dir
Bunları halk eden Allah ekberdir
Her bir Veli böyle beyan eyledi

Gerçi her şey Hak'dır bil muhakkaktır
Ali Hak'dır fakat mâhluk-u Hak'dır
Ali'ye hâlik-i Hakk'ı mutlaktır
Diyenler beyhude gümân eyledi

Nebi Veli Hakk'a hayran olmuştur
Cümlesi vâsıl-ı Subhân olmuştur
Hak sende **Harabi** pinhan olmuştur
Cemâlini senden ayan eyledi

GÜLDÜR GÜL

Pir divânına uğradım
Pirin divânı güldür gül
Oturmuş köşk sarayına
Taht-ı revânı güldür gül

Gülden terazi tutarlar
Gül alırlar gül satarlar
Gül ile gülü tartarlar
Çarşı pazarı güldür gül

Kurusu güldür yaşı gül
Toprağı güldür taşı gül
Has bahçenin içindeki
Servi çınarı güldür gül

Gülden değirmen döndürür
Gine gülden gül övünür
Akar arkı döner çarkı
Bendi pınarı güldür gül

Güle gül Seyyid'**Nesimi**
Haklı nefesleri güldür
Hak oturur mihman canla
Cem-i canları güldür gül

YOL GÜLBENGİ

"Bismi Şah!
Her kaza kimden gelirse, defeylesin perverdigar.
Lâ feta illâ Ali lâ seyfe illâ Zülfikar.

Her cefa kimden gelirse defeylesin perverdigar.
Lâ feta illâ Ali lâ seyfe illâ Zülfikar.

Her bela kimden gelirse defeylesin perverdigar.
Lâ feta illâ Ali lâ seyfe illâ Zülfikar.

On İki İmam, On Dört Masumu Pak, On Yedi Kemerbest gözcümüz ve bekçimiz ola. Didarından katarından ayırmaya. Üçler, Beşler, Yediler, Kırklar, üç yüz altmış altılılar, bin birler nazarı âliyeleri üstümüze hazır ve nazır ola. Kutbu âlem Şahı ekrem zatı tamam, hayatı müdam, destegiri has-u âm, Pirimiz Hünkâr Hacı Bektaş Veli himmeti üzerimize hazır ve nazır ola. Gerçekler demine hû."

İKRAR TERCÜMANI

"Bismi Şah! Hamdülillah kim ben oldum bende-i Al-ı abâ can-ı dilden aşk ile hem caker-i Al-ı abâ. Rah-ı zulmetten çıkıp doğru yola bastım kadem. Hab-ı gafletten uyandım can gözüm kıldım küşa. Mezhebim haktır, Caferidir, gayriler batıldır. Pirim, üstadım Hacı Bektaş Veli kutbul evliya. Sevdiğim On İki İmam, ben Güruhu Nacidenim. Yetmiş iki fıkradan oldum beri. Dahi cüda hak deyip bel bağladım ikrar verip erenlere. Rehberim oldu Muhammed, Mürşidimdir Murteza."

TERCEMANI SALAVAT

"Çerağ-evliya nurü's-semavat,
Ki, bu menzildir ol turu münacaat
Kaçan kim ruşen ola kıl niyaz
Muhammed-Ali'ye candan salavat."

Salavat

Allahümme Salli alâ Seyyidina Muhammed Mustafa
Allahümme Salli alâ Seyyidina Aliyy'el Murteza
Allahümme Salli alâ Seyyidina Hasan'ül Mecteba
Allahümme Salli alâ Seyyidina Hüseyni Kerbela
Allahümme Salli alâ Seyyidina Zeyne-l Abâ
Allahümme Salli alâ Seyyidina Bakır'ul Baka
Allahümme Salli alâ Seyyidina Ca'fer Rehnüma
Allahümme Salli alâ Seyyidina Kâzım Musa
Allahümme Salli alâ Seyyidina Ali Sultan Rıza
Allahümme Salli alâ Seyyidina Muhammed Taki
Allahümme Salli alâ Seyyidina Ali Naki
Allahümme Salli alâ Seyyidina Hasan Askeri
Allahümme Salli alâ Seyyidina Muhammed Mehdi

YÜZÜNÜ YERLERE SÜRÜYÜP GİDER

Karşıki karlıca dağı gördün mü
Buldurmuş eyyâmın eriyib gider
Akan sulardan da ibret aldın mı
Yüzünü yerlere sürüyüp gider

Kâdirsin hey ulu Şah'ım kâdirsin
Her nereye baksam orda hazırsın
Üstümüzde dört köşeli çadırsın
Cümlemizi birden bürüyüp gider

Sıra sıra gelen ol ulu kuşlar
Sırlı olur yakmaz anı güneşler
Evvel ezel meyva veren ağaçlar
Anlar da kalmayıp çürüyüp gider

Derindir deryamız bizim boylanmaz
Bin bir kelâm desem biri anlamaz
Kişi ikrarsızsa yola bağlanmaz
Yuları boynunda sürüyüp gider

Şah Hatayi'm söyler sözü özünden
Dervişlerin sakınıbdır gözünden
Olur olmaz münkirlerin sözünden
Esriyip gönlümüz fârıyıp gider

MEYDAN GÜLBENGİ

Bismişah! Allah Allah!

Erenler meydanında Hak, Muhammed, Ali divanında, On İki İmam, On Dört Masum Pâk Efendilerimiz dostlarına dost, düşmanlarına düşman olmak kavliyle. Ve er hak erenlerin pent ve nasihatleriyle âmel ve hareket etmek üzere sürüne gelmiş erenler meydanında teehhül ikrarı vermek niyazında ....can adına bir kuzulu kurbanımız vardır. Ayini cem erenlerinin rızalarıyla getirelim mi? Emri mürşid ne buyrulur. Şahım erenlerim.

TELKİN TERCÜMANI

Ey talib yalan söyleme. Gıybet etme. Şehvetperest olma. Kibr-ü kin tutma. Kimseyle hacet etme. Gördüğünü ört. Görmediğini söyleme. Elinle koymadığın şeye yapışma. Elin ermediği yere el uzatma. Sözün geçmediği yere söz söyleme. İbretle bak. Hilm ile söyle. Küçüğe izzet, büyüğe hizmet eyle. İkrarını saf eyle. Hakkı özünde mevcut bil. Her esrar-ı erenlere agâh ol. Özünü tarikatta sabit kadem eyle. Mürşidin Muhammed, rehberin Ali'dir. Mezhebin İmam Cafer Sadık. Güruhu Naci. Pirin Hünkâr Hacı Bektaş Veli'dir.

CEM DAĞILMA GÜLBENGİ

Oturan, duran, koğsuz, gıybetsiz, evine varan, hazıran, gaiben, piran, civanan, üçler, beşler, yediler, kırklar kerem-i evliya. Allah eyvallah. Cümle gerçekler demine hû dost.

KURBAN VE LOKMA DUASI

Dede, kesilen kurbanlara üç kez Tekbir getirir ve dua okur:

"Bismişah! Allah Allah...

Fermân-ı celil, kurbân-ı Halil, cân-ı İsmail, peyk-i Cebrail. La ilahe illallah, Muhammedün Resulullah, Aliyyün Veliyullah.

Allahü Ekber, Allahü Ekber... La ilahe illallahü vallahü ekber. Allahü Ekber ve lillah-il-hamd.

Bismillahi tekbir, Allahü ekber... La fetâ illa Ali la seyfe illa Zülfikar..."

"Bismişah! Allah Allah...

Kurbanlarınız kabul, muratlarınız hâsıl ola. Her ne niyetle kesmiş iseniz, Hak-Muhammed-Ali niyetlerinizi Ulu Dergahında kabul-ü makbul eyleye. Hayırlı evlatlar, hayırlı kısmetler, hayırlı kazançlar nasip eyleye. Evladınızı, ayâlinizi, eşinizi, dostunuzu görünür görünmez, bilinir bilinmez kazalardan, belalardan, âfetlerden saklaya bekleye. Kazalara kalkan, belalara bekçi ola. Her tüyü başına binbir sevap yazıla. İsmail Peygamberin kurbanı kabul olduğu gibi, sizin kurbanlarınız da İmam Hüseyin Dergahı'nda kabul ola. Emekleriniz boşa git-meye. On İki İmam ağzımızın tadını bozmaya, ağrı, acı, elem, keder vermeye. Gerçeğe hû..."

KURBAN DÜVAZI

İSMAİL'E İNEN KOÇA BENZETTİM

Ali meydanına bir kurban geldi
İsmail'e inen koça benzettim
Anası meledi bağrımı deldi
İsmail'e inen koça benzettim
Kadir mevlam sürme çekmiş yüzüne
Yüz sürelim tırnağına dizine
Koç dergaha gitti düşün izine
İsmail'e inen koça benzettim
Koçu tekbirledi Kırklar birisi
Bir lokmadan kandı cümle varısı
Emir ayyar belindedir derisi
İsmail'e inen koça benzettim
Kadir mevlam kabul etsin koçunu
Bağlayalım ayağının ucunu
Ali meydanıdır sorman suçunu
İsmail'e inen koça benzettim
Ufacık doğrayın koyun kazana
Mahrum can koymayın çekin meydana
Kul olayım bu kalemi yazana
İsmail'e inen koça benzettim
İsmail'e inen koçun örneği
Yalan değil gözümüzün görneği
İdris'e üsküf oldu tırnağı
İsmail'e inen koça benzettim
KUL HİMMET ÜSTADIM arzular canım
Kurbanla birlikte kaynıyor kanım
Hüseyin'im kabul olsun kurbanım
İsmail'e inen koça benzettim

MUHAMMED CEMALLİ BİR BURHAN GEREK

Bu yolu doğruca süreyim dersen
Evvela kendine bir piran gerek
Hakk'ın didarını göreyim dersen
Muhammed cemalli bir burhan gerek

Rehberindir doğru gösteren rahı
Almayalar yola hiçbir kemrahı
Cebrail olmuştur peyk-i ilahi
Ayetli hadisli hem Kur'an gerek

Bu yola yaramaz soluk hem kaba
Yola yarar gerek halis bir baba
Özü temiz çeker hem âl-i aba
Gönlü alçak huyu sofiyan gerek

Bu yola yaramaz bigâne kallaş
İsterler meydanı yeter bir ferraş
İçerisi saftır hem gözleri yaş
Gönlü vâsi özü rûşenâ gerek

Yola yarar ister bir de kapıcı
Halka yarar ola Hakk'a tapıcı
Koyman cemaata mürai piçi
Haysiyeti huyu hem rıdvan gerek

Bir hub delilcinin ola yüzü ak
Otura ol ceme uyara çırak
Gözü açık ola kulaklara sak
Madara mundardır merdane gerek

Bunda dağme kimse gözcü olamaz
Hamle kime ola hasça bilemez
Hatıra bakıp da kabul eylemez
Cemiyette İlyas Hızıran gerek

Bu yola yarardır halis bir bacı
Fatma'dan vurunmuş takınmış tacı
Şefaatçı ola Güruh-ı Naci
Rukiye Gülsüm'le Şehriban gerek

Bu manayı eyce öğren et fikir
Meydanda yakışır ola bir zakir
Hizmetin anlayıp eylerler zikir
Sirette Cafer-i Sadık'an gerek

İbrikçi ederler şöyle bir eri
Fark eyleye bu hizmette esrarı
Bu hizmeti bilmez hem binde biri
Terk-i tecrid Salman Farisi gerek

Erkânı çalmağa gerek bir kişi
Nur ile ışıya hem içi dışı
İncitmeye bir sofu bir kardaşı
Kâmil-i mükerrem hem bir car gerek

Bu yolda yaraşır gerek bir sâki
O da Salman'ı Pak bilece Hakk'ı
Hizmetinde kaim ola hem bâki
Hâdim'ül fıkara fahiran gerek

Bu yol bağlanmalı nakibe pire
Herkes rıza ala dökme hatıra
Verir ise cümle gönülden vere
Lokması çok pişkin ehli nan gerek

Bu rumuza namahremler eremez
Suret uğra bu meydana giremez
Bu yol bir eliftir eğri yaramaz
Hatayi der bir piri civan gerek

KURBAN DÜVAZI

KURBANINIZ KABUL OLSUN ERENLER

Muhammed Ali'yi candan sevenler
Kurbanınız kabul olsun erenler
El bağlayıp bir ikrarda duranlar
Kurbanınız kabul olsun erenler

Bu kurbanın aslı nergisden geldi
Dört melaik geldi kısmetin böldü
Kırkların ceminde erkânı gördü
Kurbanınız kabul olsun erenler

Kaynar kaynar kazanını taşırır
Ateş mürşid olmuş onu pişirir
Kurban tek değildir eşin getirir
Kurbanınız kabul olsun erenler

İmam Ali hizmet eder kurbana
Hizmet eder Hıdır Abdal Sultan'a
İhlas ile getirilsin meydana
Kurbanınız kabul olsun erenler

Hasan, Hüseyin'im, Zeynel'dir Şahım
Bakır, Cafer, Kazım, Rıza'dır mahım
Taki, Naki, Askeri, Mehdi penahım
Kurbanınız kabul olsun erenler

SEFİL ALİ himmet aldı pirinden
Yazı yazsam kurbanının kanından
Muhammed Ali'nin alın nurundan
Kurbanınız kabul olsun erenler

KURBAN DÜVAZI
MUHAMMED ALİ'YE İNDİ BU KURBAN

Akıl ermez Yaradan'ın sırrına
Muhammed Ali'ye indi bu kurban
Kurban olam kudretinin nuruna
Hasan Hüseyin'e indi bu kurban

Ol İmam Zeynel'in destinde idim
Muhammed Bâkır'ın dostunda idim
Câfer-i Sadık'ın postunda idim
Musa Kâzım Rızâ'ya indi bu kurban

Muhammed Taki'nin nurunda idim
Aliyyül-Naki'nin sırrında idim
Hasan-ül Asker'in darında idim
Muhammed Mehdi'ye indi bu kurban

Aslı Şâh-ı Merdan, Güruh-i Nâci
Gerçeğe bağlıdır bu yolun ucu
Senede bir kurban talibin borcu
Pir-i Tarikata indi bu kurban

Tarikattan hakikata ereler
Cennet-i Âla'ya hulle sereler
Muhammed Ali'nin yüzün göreler
Erenler aşkına indi bu kurban

ŞAH HATAYİ'm eder bilir mi her can
Kurbanın üstüne yürüdü erkân
Tırnağında tesbih kanında mercan
Mümin müslümlere indi bu kurban

KALSIN GÖNÜL YOL KALMASIN

Gel gönül incinme bizden
Kalsın gönül yol kalmasın
Evvel âhir yol kadimdir
Kalsın gönül yol kalmasın

Erenler bize pusudur
Yalan söyliyen âsidir
Bu gerçekler nefesidir
Kalsın gönül yol kalmasın

Bahçede açılan güldür
Ma'nayı söyleyen dildir
Pes ezelden yol kadimdir
Kalsın gönül yol kalmasın

Başındadır altın tacı
Budur erenler mi'racı
Keskindir yolun kılıcı
Kalsın gönül yol kalmasın

Hey Allah'ım hey Allah'ım
Eyi olmaz benim âhım
Saltanatlı padişahım
Kalsın gönül yol kalmasın

Ey divane ey divane
Âşık olan kıyar cane
Hatayi'mdir taçlı hane
Kalsın gönül yol kalmasın

TEZAKAR'IN OKUDUĞU GÜLBANG

"Bismişah! Allah Allah!..

Ben Gülam-i Haydariyem adudan etmem hayufu pak...

Bu hizmetin sahibi Selman-ı Pak, gönlümüzü bağlayıp, yuduk olduk pak...

Bercemali Muhammed, kemal İmam Hasan, İmam Hüseyin Aliy-ün Muhammed'e salavat. Allahümme salli alâ seyyidina Muhammed ve alâ Ali seyyidina Muhammed...

Allah eyvallah nefes pirdedir..."

TEZAKAR'A OKUNAN DUA

"Bismişah! Allah Allah!..

Hizmetin kabul ola.

Hakk-Muhammed-Ali yardımcın ola...

Hızır kılavuzun ola.

Emeklerin boşa gitmesin, hizmetinden şefaat bulasın.

Bizleri var eden o yüce Allah, dilde dileklerinizi, gönülde muratlarınızı versin... Vücutlarınıza dert, gönlünüze keder vermesin...

Siz bizleri arındırdınız,

Allah da sizin gönlünüzü kötü huylardan arındırsın.

Dil bizden, yardım pirden olsun...

Gerçeğe, erenlerin demine Hûû, mümine ya Ali!.."

SAKA HİZMETÇİSİ ŞU DUAYI SÖYLER:

Lütfuna muhtacız, eyle ihsan; Ya Hüseyin!..
Derdimize senden derman eyle ya Hüseyin

Gayrıya muhtac eyleme sevenleri el-aman
Sen medet kıl bizlere her dem ya Hüseyin

Yüzbin kere lanet olsun o sapıtmış güruha
Ahdı bozup şehit kıldılar, onlar seni ya Hüseyin

Güzel ismin hakkı için zikredeni darda koyma
Esenlik ver yaşlı gözle ağlayana ya Hüseyin

İznin ile su getirdim aşkına vermek için
Aşkınla içenlere kıl ab-ı hayat ya Hüseyin

"Geçmisiz biz can-ü baştan erenler aşkına
Can gözü dem-be-dem Hakk'ı görenler aşkına
Kerbela'da su su diye can verenler aşkına
Gözüm yaşın sebil ettim için İmam Hüseyin aşkına
Aşk olsun içenlere, rahmet göçenlere, lanet Yezid'e"

"Allah'ın selamı üzerine olsun ya Hüseyin!..
Muhammed Mustafa aşkına, Aliy'el Murteza aşkına.
Sakayım ya Hasan, Sakayım ya Hüseyin...
Şefaat eyle damlasını içene ya Hüseyin...
Yardım eyle Allah Allah çağrışana ya Hüseyin..."

"Bercemali Muhammed, Kemal-i İmam Hasan, Şah Hüseyin, Ali-ra Ehlibeyt'ine salavat."

FARRAŞ TERCEMANI I

"Bismişah! Allah Allah!
Hüseyn-i Kerbela için gözlerim yaştır,
Ol Yezid askerin bağrı kara taştır.
Pirimiz kırklar içinde ser-ferraştır
Ber-Cemâl-i Muhammed... Ali...

2- Bismişah, Allah Allah!
Hüdâ hakkı kabul et hizmetim ey Şah
Bi Hakk'ı abâ ve Al-i dergâh
Hüseyn-i Kerbela nûru hakkıçin
Bu hizmetten ayırma ey ani Şah
Erenlerden haklı-hayırlı himmet,
Şey'en lillah, Allah eyvallah!.."

FARRAŞ GÜLBANGI II

Bismişah! Allah Allah!
Cümle hizmetin kabul ola.
Muradın hasıl ola.

İsteğin feth ola, Seyyid-i Ferraş Efendimizin hayır himmetleri üzerine sâyebân ola.

Er Hak Muhammed Ali, zâhir bâtın yâr ve yâverin ola.

Hazreti Pir Efendimiz destigirin ola.

Dem-i pir, Kerem-i evliya, gerçek erenlerin demine Hû diyelim Hû.

SÜPÜRGECİ GÜLBANGI

"Bismişah! Allah Allah!

Hayırlar feth ola, şerler def ola. Münkir münafık mahv ola. Süpürgeci Selman, kör olsun Yezid-i Mervan.

Carımıza yetişsin ol Şah-ı Merdan. Hizmetin Hakk'a geçe. Seyyidi feraşın himmeti üzerinde ola. Yüzün ak ola. Nur-u nebi kerem-i Ali demine Hû."

FARRAŞ GÜLBANGI

"Bismişah! Allah Allah!

Hüseyn-i Kerbela için gözlerim kan yaştır, yüz bin lanet Yezid'in bağrı taştır, pirimiz kırklar içinde Seyit Farraştır. Ber Cemal, Muhammed Kemal-i İmam Hasan, İmam Hüseyin, Ali Bülende ver salavat."

SÜPÜRGECİ GÜLBANGI

"Bismişah! Allah Allah!

Ben gulam-ı Haydar'ım, adudan etmem havf-u bak. Çünki bu hizmette bana örnektir. Selman-ı Pak. Ber cemal, Muhammed Kemal, İmam Hasan, İmam Hüseyin, Ali bülend ra salavat"

Pir veya Mürşid:

"Yardımcın Şah-ı Merdan Ali olsun. Muhammed Ali şefaatçın olsun. Gerçeğin demine hû."

ZAKİR'E DUA

"Bismişah! Allah Allah!

Hizmetiniz kabul ola, muradınız hasıl ola. Ağzınız ağrı, acı görmeye. Zikrettiğiniz erenlerin, evliyaların himmetleri üzerinizde hazır ve nazır ola. Dem-i Hünkâr, keremi evliya, gerçek erenlerin demine Hû."

DAR GÖREN TALİB'E DUA

"Allah Allah. Hak lailahe illallah. Muhammed Resullah, Ali Veliyullah.

Erenler seni senden alıp yine sana teslim ettim, dilindekine şahidim. Kalbindekine Allah şahittir. Yüküm sırtına, amelin boynuna, ikrarın kutlu, miracın mübarek olsun. Aramızda yanan delilin ışığı ziyada olsun. Hazreti Pir yardımcın olsun. Gerçeğe Hû. Nefes Pir'dedir. Allah eyvallah."

HAKKIÇÜN

Yâ ilâhi kerem nur-ı nübüvvet hakkıçün
Öz cemâli hazretin Şâh-ı velayet hakkıçün

Cürmümüz çok Şebbir-ü Şübber ibadet hakkıçün
Âbidin-ü Bâkır-u Ca'fer hidayet hakkıçün

Muse-i Kâzım hakikat kıblegâhımdır benim
Şah Ali Musâ Rızâ keşf-ü kerâmet hakkıçün

Müttakiler şahıdır sırr-ı Muhammed'dir Taki
Hem Naki'den Askeri nur-ı emanet hakkıçün

Ahirül-emri imâmet Mehdi-i kaim makâm
Kuluyuz kurbanıyız kân-ı sehâvet hakkıçün

Pür-günâhem cürmüme yoktur adet yâ Murtazâ
Ehl-i fahrin çektiği tâc-ı saâdet hakkıçün

Kalma sen gel bu **Virani** bedenin isyanına
Altı bin altı yüz altmış altı âyet hakkıçün

Telkin
Tarikatın Abdesti nedir?
Eyitkim dört nesnedir:
Evvel dervişlerin katına boş varmaya
İkincisi, daima taharetle ola.
Üçüncü, elinden geldikçe emri ma'ruf eyleye,
Dördüncü, men'i münker eyleye

DİVANA GELDİM

Kurbanlar tığlanıp gülbang çekildi
Gaflet uykusundan uyana geldim
Dört kapı kilidi anda açıldı
Ruhum üryan edip meydana geldim

Evvel eşiğine koydum başımı
İçeri aldılar dökdüm yaşımı
Erenler yolunda gör savaşımı
Can baş feda edip kurbana geldim

Ol demde yanmıştı bâtın çerağı
Rehberim boynuma bend etti bağı
Üçer adım ile attım ayağı
Koç kurban dediler imana geldim

Dört kapı selâmın verip aldılar
Pirim huzuruna çekip yettiler
El ele el Hakk'a olsun dediler
Henüz masum olup cihana geldim

Pirim kulağıma eyledi telkin
Şah'ı Velayete olmuşum yakin
Mezhebim Ca'fer'üs-Sadıku'l metin
Allah dost eyvallah peymana geldim

Özüm darda yüzüm yerde durmuşum
Muhammed Ali'ye ikrar vermişim
Sekahüm hamrini anda görmüşüm
İçip kana kana mestane geldim

Yolumuz On İki İmama çıkar
Mürşidim Muhammed Ahmet-i Muhtar
Rehberim Ali'dir Sâhib Zülfikar
Kulundur **Şâhi**'ya divana geldim

ÇAĞIRIRIM DOSTU DOST

Kudret-i Hakk'ı görüp çağırırım dostu dost
Cümlede bâki görüp çağırırım dostu dost

Mest-ü harab olmuşum sâfi şarap olmuşum
Gör ne türab olmuşum çağırırım dostu dost

Mescid-ü meyhaneyim Kâ'be vü büthaneyim
Hak dolu bir hâneyim çağırırım dostu dost

Dünya ile bakmazam her su ile akmazam
Değme gülü kokmazam çağırırım dostu dost

Bir asılı kandilim ruşeni ben her dilim
Gör nice bir bülbülüm çağırırım dostu dost

Âşıkıyem ma'şukun ma'şukuyum âşıkın
Maksuduyum lâyıkın çağırırım dostu dost

Şol sanemin femine câmı benim Cem'ine
Mest-i Elest demine çağırırım dostu dost

Sâki benim mey benim kus ile def ney benim
Ârif isen duy benim çağırırım dostu dost

Deme beni gayriyem eğri değil doğruyem
Tuti yü hem kumruyem çağırırım dostu dost

İş bu cesed bu kafes gör ne sadâ gör ne ses
İşidene her nefes çağırırım dostu dost

Dostun Ezel kününü remzini duy ününü
Sundu ebed hununu çağırırım dostu dost

İlm-ü hüner mu'teber bu yola ver cân-u ser
Dinle sözüm ey puser çağırırım dostu dost

Virâni'yem hastayım beste-ü şikesteyim
Gayri ne var isteyim çağırırım dostu dost

AYRILMA GÜLBANGI

Oturana, durana, kovsuz gaybetsiz evine varana, niyaz edip yastığa baş koyana, Hızır yoldaşı Evliyâ haldaşı ola, Hak Erenler muradın vere, gerçeğe Hû Allah Eyvallah.

Yola Giriş

Rehber: "Allah Allah eli erde, yüzü yerde. Özü darı Mansur'da Hak-Muhammed-Ali yolunda. Erenler meydanında. Pir divanında, mürşid huzurunda, canı kurban teni tercüman, Oniki İmam, Ondört Masum Pâk, Onyedi Kemerbest Efendilerimizin dostuna dost, düşmanlarına düşman olmak kavliyle ve hak erenlerin pendi nasihatini kabul edip, muktezasiyle amel ve hareket etmek üzere, başı açık, yalın ayak, boynu bağlı, ciğeri dağlı, yüzü üzere sürünerek gelen, bu canlar; ayni cem erenlerinin izni icazetiyle, Muhammed'e ümmet Ali'ye talip olmak talebinde bulunduklarından emri mürşid ne buyurur? Şahım erenler Allah eyvallah."

Pir: "Talibi taliban, kabulü makbulan."

HÜRMETİ İÇİN

İlahi Mustafa'nın hürmetiçin
İlahi Murtaza'nın hürmetiçin

İlahi Şah Hasan'ın aşkına hem
Hüseyn-i Kerbela'nın hürmetiçin

İlahi Abidin Bâkır-u Ca'fer
İmam Kâzım Rıza'nın hürmetiçin

İlahi Şah Taki vü bâ-Naki'nin
Dahi Asker-nümânın hürmetiçin

Virani'yem Muhammed Mehdi-çin
Suçum yok evliyanın hürmetiçin

YOLA GİRİŞ

Rehber: "Marifetten gelip sırrı Hakikate gidiyoruz."

Pir: "Gidemezsiniz! Kış var, aşılmaz yüksek dağlar var, geçitsiz ırmaklar var. Bu belleri aşamazsınız. Bu selleri geçemezsiniz. Çok büyük engeller var, çok zor ortam var. Demirden leblebidir yenilmez. Ateşten gömlektir giyilmez. Gelme, gelme! Gelirsen dönme! Gelenin malı gider, dönenin canı gider. Öl ama ikrar verme. Öl, ikrarından dönme! Hal böyledir. Bu halleri ben size demiş ve duyurmuş olayım evladım!"

Rehber: "Pirim cemaatın varlığına, Tanrı'nın birliğine inanarak, Muhammed-Ali'nin yoluna, Hünkâr Hacı Bektaş Veli'nin katarına girerek, Muhammed'e ümmet, Allah'a kul, Hüseyin'e talip olmak için adlarını andığımız kişilere inanarak, güvenerek geldik. Ölümümüz olur, dönüşümüz olmaz. Önünüzde başımız açık, ayağımız yalın. Özümüz darda, yüzümüz yerde. Pir'den ne gelirse 'Allah eyvallah' dedik, durduk darına. Boynumuz kıldan ince, yolumuz kılıçtan keskin. İnandık iman getirdik. Huzurunuzda birliğe yettik."

Pir: "Eyvallah talip! İkrarın imanına yoldaş olsun! Hak, Şahımerdan, tümümüzü doğru yoldan ayrılmasın. Büyükleri sa-yacaksınız. Küçükleri seveceksiniz. Yani sonuçta Ulu Tanrı'nın buyurduklarını tutup, yasak dediğini yasak, gerçek dediğini gerçek bileceksiniz. Tanrı'nın yolundan ayrılmayacaksınız. İşittiniz mi evlatlarım!"

PİRİN TELKİNİ

Pir sorar: "İlk kapı şeriat, ikincisi tarikat, üçüncüsü marifet, sonra sırrı hakikat, Hak mı?"

Rehber: "Eyvallah!"

Pir: "On iki Matem-i Muharrem orucu, üç Hıdırellez, kırk sekiz perşembe, bunlar Hak, tutacaksınız! Yalan söylemeyeceksiniz! Dedikoduya sapmayacaksınız! Elinizle koymadığınızı almayacaksınız! Gözünüzle görmediğinizi söylemeyeceksiniz! Hû."

Cemde bulunan cemaat: "Hû sofular! Menziliniz mübarek olsun! Donunuz kutlu olsun. Cenabı Allah ikrarınızda ber karar eylesin!" diye dilekte bulunur.

ERKÂN GÜLBANGI

"Allah Allah Allah...Erkânı temiz ola, muradı hasıl ola. Tuttuğu ileri gide. Şahımerdan yardımcısı ola. Elimizin karası yüzümüze vurmaya. Ceddimiz eksiğimizi tamam saya. Gerçeğe Hû."

"İçerden alına, dışardan alınmaya" ya da "Nur ola, sır ola, gerçeğin demine Hû."

SOFRA DUASI 1

"Bismişah! Allah Allah.

Elhamdülillah, nimet-i devlet ziyade ola. Er, Hak bereketin vere. Bu gitti ganisi gele. Nimet-i celil, berekat-ı Halil ola. Artsın eksilmesin, taşsın dökülmesin! Bir nimet-i nur ola! Düşmanımız mekruh ola! Cömert lokma sahibi ve bil cümle Âl-ı resul cümlemizin, yüzümüz ak, gönlümüz pak, düşmanlarımız helâk ola. Er Hak Muhammed-Ali, On İki İmam, On Dört Masumu Pak, On Yedi Kemerbestzan gözcümüz ve bekçimiz ola! Didarından, katarından, dirlik ve birliğinden ayırıp şaşırıp düşürmeye! Çağırdığımızda omuzumuzda ola. İmdadı resul ola. Üçler, Beşler, Yediler, Kırklar, üç yüz altmış altılılar, bin birlerin hizmeti daim, nazarları üzerimizde hazır ve nazır ola! Kutb-ı alem, Şah-ı Ekrem, zat-ı tamam, hayat-ı mücdamın desteği has-u am, Pirimiz, üstadımız, melce-i mülazımımız, Hünkâr Hacı Bektaş Veli efendimizin kerametleri, zahiren ve batınan üzerimizde hazır ve nazır ola! Arafatta İmam Cafer hanesine karışa, gerçeğin demine Hû!"

SOFRE DUASI 2

Destur Efendim Destur Efendim Destur Efendim

Bismi Şah Allah Allah

Nimete bereket kazanana ömür ola yiyene nur iman ola, yedirene delil ola. Lokma sahibinin lokması Kabul ola, muradı hasıl ola erdem bakım, Haktan nazar ola. Dertlere deva borçlara eda hastalara şifa ola. İlahi Rabbil Âlemin herkim bu lokmadan yerse ona ağrı acı ciğer acısı göstermeyesin, yurdumuzun bütünlüğünü bozmaya kardeş kanı döktürmeyesin, tüm insanlığı birliğe beraberliğe barışa getiresin. Gerçeğin demine Hü.

ZÜLFİKAR GÜLBANGI

"Lâfetâ illâ Ali lâ seyfe illâ zülfikar ustad sözü. Tarikat-ı imam destur Şah! Erkân-ı meşayih, emr-i halife, göz görenin, yol varanın. Yolca giden yorulmaz, gerçek gördüğünden ayrılmaz. Eyvallah güzel Şahım!"

TARIK GÜLBANGI

"Zülfikar keskinliğine, sır bütünlüğüne, Yezid'in mahvına, müminlerin muradına ermesine, Üçler, Beşler, Yediler, Kırklar, On İki İmamlar, enbiya, evliya, Allah Allah, Muhammed, Ali hû diyelim hû!"

ŞAH'IM KAPINA GELDİM

Aşkım çoktur benim candan yenilmez
Günahkârım Şah'ım kapına geldim
Bu fani dünyada mihman eğlenmez
Günahkârım Şah'ım kapına geldim

Bir ündür işitip avaza geldim
Canı feda edip serbaza geldim
Yüzüm yerde koyup niyaza geldim
Günahkârım Şah'ım kapına geldim

Sırım sırrolmuştur sırrım bilince
Herkes murat alır hali halince
Kendimi tanıdım Hakk'ı görünce
Günahkârım Şah'ım kapına geldim

Bosnavi bir sırdır aşikâr olmaz
Hayat sahrasında yar-i gar olmaz
Erenler bezminde ah-ü zâr olmaz
Günahkârım Şah'ım kapına geldim

İSTERİM

Bütün kâinatı yaratan Allah
Dertli kullarına derman isterim
Yaratılmış cümle sana çağırır
Dertli kullarına derman isterim

Nolur dertlilere tez eyle derman
Bilirim Sultanım sendedir ferman
Yüz bin canım olsa yoluna kurban
Dertli kullarına derman isterim

Hacetimi kabul eyle yaradan
Kaldırın perdeyi gitsin aradan
Himmetini esirgeme buradan
Dertli kullarına derman isterim

Muhammed'in Hakkı Miraç hürmeti
Ali'nin yaptığı cümle hizmeti
Çektirme kulların fazla zahmeti
Dertli kullarına derman isterim

Fatımatızzehra bağladı kara
Şah İmam Hasan'ın ciğeri yara
Şah Hüseyin için düşmüşüz zara
Dertli kullarına derman isterim

Zeynel'in zindanı Bakır'ın sırrı
İmam Cafer Sadık alimler nuru
Musa Kâzım Rıza Horasan piri
Dertli kullarına derman isterim

Taki Naki Askeri'ye sığındım
Mehdi Resul Liva bir imdat umdum
Adil Ali oldum kapına geldim
Dertli kullarına derman isterim

DAR GÜLBENGİ

"Bismişah! Allah Allah!

Erenler yüzüm yerde, özüm darda. Erenler meydanında, Muhammed Ali divanında, pir huzurunda, canım kurban, tenim tercüman. Bu fakirden ağrınmış, incinmiş, gücenmiş karındaşlarımdan var ise dile gelsin, bile gelsin. Hakkını talep eylesin. Allah eyvallah. Gerçekler demine hû dost.

SOFRA GÜLBANGI

Bismişah! Evvel Allah diyelim. Kadim Allah diyelim. Geldi Ali sofrası, destur ya Şah diyelim. Şahın gönderdiğini biz yiyelim. Demine hû diyelim.

SABAH GÜLBANGI

"Bismişah! Allah Allah!

Erenler sabahlar hayır ola. Hayırlar fetola. Münkir, münafık yuf ve mat ola. Niyazımız kabul ola. Muradımız hasıl ola. Şah-ı Merdan On İki İmam yardımcımız ola. Hazreti Pir Efendimiz hayırlar verdikçe vere. Şah Abdal Musa Sultan gözcümüz ve bekçimiz ola. Kaygusuz Abdal himmeti üzerimize hazır ve nazır ola. Allah eyvallah. Gerçekler demine hû."

ALLAH BİR, MUHAMMED ALİ AŞKINA

Mümin isen bana etme cefayı
Allah bir, Muhammed Ali aşkına
İyilikte ol, daim eyle vefayı
Allah bir, Muhammed Ali aşkına

Sâki doldur bize dolu, içelim
Okuyalım aşk kitabın, seçelim
Olur olmaz davalardan geçelim
Allah bir, Muhammed Ali aşkına

Pirler nasihatin güzelce dinle
Bozma erkânını, tatlı dil söyle
Kemlik edenlere sen iylik eyle
Allah bir, Muhammed Ali aşkına

Kimsenin ayıbın gözetme sakın
Olayım der isen gel Hakk'a yakın
Erenler huyundan bir meşrep takın
Allah bir, Muhammed Ali aşkına

Genç Abdal'ım, Hakk'ı seversen candan
Hak seni ayırmaz yoldan, erkândan
Yalan söz söyleme, çıkma imandan
Allah bir, Muhammed Ali aşkına

ALLAH BİR MUHAMMED ALİ DİYEREK

Her sabah her sabah ötüşür kuşlar
Allah bir Muhammed Ali diyerek
Bülbüller gül için figana başlar
Allah bir Muhammed Ali diyerek

Kısmetimiz kalbimizde buluna
Veysel Karan gitti Yemen iline
Arıyız uçarız kudret balına
Allah bir Muhammed Ali diyerek

Fatma Ana durdu Hakk'a duaya
İsa kahreyledi çıktı semaya
Şehriban soyundu bindi deveye
Allah bir Muhammed Ali diyerek

Biz de çektik imamların yasını
Dinleyelim gerçeklerin sesini
İmam Hasan içti ağu tasını
Allah bir Muhammed Ali diyerek

Ârif olan eleklerden elendi
Talip olan Hak yoluna dolandı
Şah Hüseyin al kanlara boyandı
Allah bir Muhammed Ali diyerek

İmam Zeynel parelendi bölündü
Ol İmam Bâkır'a secde kılındı
Câfer-i Sadık'a erkân verildi
Allah bir Muhammed Ali diyerek

Gönül kuşu kalp evinde yuvası
Serimize çöktü aşkın hevesi
Kâzım Musa Ali Rıza duası
Allah bir Muhammed Ali diyerek

Taki ile Naki nur olup gitti
Hasanü'l Askeri er olup gitti
Mehdi mağarada sır olup gitti
Allah bir Muhammed Ali diyerek

Dört kitap hak idi dördüne düştü
Kur'an Muhammed'in virdine düştü
Kul Hümmet Ali'nin derdine düştü
Allah bir Muhammed Ali diyerek

AKŞAM GÜLBANGI I

"Bismişah! Allah Allah!

Erenler akşamlar hayrola. Hayırlar feth ola. Şerler defola. Münkir, münafık yuf ve mat ola. On İki İmam efendilerimiz yardımcımız ola. Nuri Nebi keremi Ali, Pirimiz Hünkârımız Hacı Bektaş-ı Veli. Yuf lânet Yezid'e. Rahmet mümine. Gerçekler demine, keremine hû.

UYKU GÜLBANGI

Bismişah! Vakitler hayrola. Hayırlar fethola. Er hak Muhammed Ali destegirimiz ola. Er hak hakikat karındaşlarımızı postunda şiyr-i gazân eyleye. Fakire kast edenin boynundan Ali'nin zülfikarı eksik olmaya. Yuf münkire. Lânet Yezid'e. Rahmet mümine. Hünkâr Hacı Bektaş demine hû.

AKŞAM GÜLBANGI II

Bismişah! Allah, Allah!

Akşamlar hayrola. Hayırlar fethola. Şerler defola. Münkir, münafık yuf, kör, mat ola. Müminler şadı hürrem ola. Dervişan derdimentlerin akibetleri hayrola. Evlerimiz, ocağımız ruşen ola. Kısmetimiz gani ola. Muradımız hasıl ola. Allah erenler kılıcımızı keskin ve istekle-rimizi fetheyleye. Er Hak Muhammed Ali yardımcımız ola. Muhabbetten cemalden, didardan katardan, birlikten ayırmaya. Tacül ârifin, kutbul vasılîn, sultanül âşıkîn pirimiz üstâdımız, melce-i mülâzımımız Hazreti Seyyid Muhammed Hünkâr Hacı Bektaş-ı Veli münkir münafık şerrinden gözete, saklıya, bek-leye. Şaşırıp düşür-meye. İkrarımıza sabit kadem, kötü amelle-rimizi hayırlara tebdil eyleye. Mürşidimiz Ali, rehberimiz Muhammed, mezhebimiz İmam Cafer-i Sadık. Üçler, Beşler,

Yediler, Kırklar, kutbul iktitap Muhammed, Aliyyel Murtaza On iki İmam, On Dört Mâsum Pâk niyazlarımızı, hizmetleri-mizi makbul eyleyeler. Hazır, gaip, zahir, batın erenlerin hüsnü himmetleri ve keremleri daim üzerimize hazır ve nazır ola. Akşamımızın hayırlısı gele. Nuru Nebi, keremi Ali, pirimiz Hünkâr Hacı Bektaş Veli. Keremi evliya, dem On İki İmam, dil bizden, nefes Hazreti Pir Balım Sultan'dan ola. Gerçeğe Hû.

KEMERBEST DUASI

"Bismişah! Allah Allah!..
Kırklar'dan bize yol kaldı.
Güzel Şah'dan hizmet kaldı.
Yol erenler yoludur.
Hâl erenler hâlidir.
Gafil olma ey sofu,
Kemerbest ikrar bendidir.
Destur ya Allah, ya Muhammed, ya Ali!.."

Diyerek tülbendi rehberin beline bağlar. Rehber de hizmet görevlilerine ve semah dönmek isteyenlere tülbendi teker teker verir, hizmetçiler Allah-Muhammed, ya Ali diyerek tülbendi üç düğüm atarak beline bağlar ve dar'a dururlar.

Dede bir dua okur:

"Bismişah, Allah Allah!..

Tevella Teberanız Hakk'a yazıla, tevellanız temiz, yüzünüz ak ola. Belinize bağlanan tevella nişanesi olan kemerleriniz, Cebrail Aleyhisselam'ın Hz. Muhammed'in beline bağladığı ikrâr kemeri ola.

Hz. Muhammed'in Kırklar Cemi'nde, kırk parçaya bölünen imamesinden bağlanan kemerler ola.

Hizmetiniz boşa gitmesin, hizmetinizden şefaat bulasınız.

Gerçeğe Hûû, mümine ya Ali!.."

GİZLİDİR

Hakikat ilminde bir nokta buldum
Ümmül kitap o noktada gizlidir
Okudum hecede zatını buldum
Sırrı süphan o noktada gizlidir

Aslı bir noktadır tahtı sarayda
Tecella gösterir her bir eşyada
Ellemal esmadır ba Kibriya'da
Mahi taban o noktada gizlidir

O noktadan zuhur etti samavat
Selavat verenler buldu selamet
Mazhar-ı Muhammed nuru hidayet
Arş-ı rahman o noktada gizlidir

Yedi kitap, yedi esma, yedidir ayet
Manevi kenzinde gösterdi suret
Yedi kat yer, yedi kat gök semavet
Ali rahman o noktada gizlidir

SADIK hatmeyledi Cim ile Dal'ı
Ustaza ermeyen bilmez bu halı
Zahir'i Muhammed batın-ı Ali
Şebbel mesan o noktada gizlidir

TERCEMAN-I ÇERAĞ

Bismişah! Allah Allah!

Şimdi çerağı fahri uyardık ol Hüda'nın aşkına.
İki cihan fahri Muhammed Mustafa'nın aşkına.

Sakii kevser Aliyyel Murtaza'nın aşkına.
Hem Hatice, Fatıma Hayrünnisa'nın aşkına.

On İki İmam sadrı vilâyet pişivanın aşkına.
Çarde-i ma'sum pâk âl-i abânın aşkına.

Hazreti Hünkârı âlem kutb-ul evliyanın aşkına.
Haşre dek yansın yakılsın vallâhi aşkına.

Ber Cemal Muhammed Kemal Hasan Hüseyin Ali Bülend ra salavat.

İKRAR ALDIKTAN SONRA DAR GÜLBANGI

Bismişah!
Hamdülilllah ki ben oldum bendi-i has hüda.
Canı dilden aşk ile hem caker-i Al-i abâ.

Rah-ı zulmetten çıkıp doğru yola bastım kadem.
Hab-ı gafletten uyandım can gözüm kıldım küşa.

On İki İmam bendesiyim hem Güruh-u Naci'yim.
Yetmiş iki fıkradan çıktım yetmiş üçe dahil oldum beri cüda.

Mezhebim hak Caferidir gayrilerden el yudum.
Pirim üstadım Hacı Bektaş Kutb-ul evliya.

Hak deyip bel bağladım, ikrar verip erenlere.
Mürşidim oldu Muhammed, rehberimiz Murtaza.

Ber Cemal Muhammed Kemal İmam Hasan ve İmam Hüseyin Ali Bülend ra salavat.

Erenlerden haklı hayırlı himmet şey'en Allah Allah eyvallah.

SOFRA GÜLBANGI I

Bismişah! Allah Allah!

Elhamdülillah, Elhamdülillah, Elhamdülillah!

Nimet-i Celil, Bereketi Halil, bu gitti ganisi gele. Hak Muhammed Ali bereketin vere, yedirenlere nur-u iman ola, yiyenlere cennet taamı ola, gittiği yerler gam gasavat görmeye. Kazanıp getirenlere, pişirip kotaranlara hayri hasanat, aşku şevk ola.

Hizmet sahipleri hizmetlerinden şefaat bula.

Hak Muhammed Ali, Pirimiz Hünkâr Hacı Bektaş Veli destgirimiz ve şefaatçimiz ola.

İki cihanda yüzlerimiz ak, imanlarımız pak ola.

Göçenlerimize rahmet ve mağfiret ola, On İki İmam, On Dört Masum-i Pak, On Yedi Kemerbest efendilerimizin katarlarından, didarlarından ayırmaya.

Cümlemizi ve cümle bedengâh-ı Ehl-i Beyt'i cehennem narından, zalimin zulmünden, kabir azabından emin ve muhafaza eyliye. Didarı ile mükafatlandıra.

Dertlerimize derman, hastalarımıza şifa, borçlarımıza hayırlı eda'lar ihsan eyleye.

Yurdumuzu milletimizi üstün eyleye. Varlığımızı, birliğimizi, dirliğimizi sonsuz eyleye.

Dar-ı bekâ olmuş Ehl-i iman rahmeti ile gani kıla lokma hakkına evliya keremine cömertler cemine Erenler demine Hû.

TIĞBENT GÜLBANGI I

Bismişah! Hizmeti merdan. Havaleti pirân. Bendedil bendini kişvara kılmışım dost bendini. Rehber ile pire ettik iktida. Taktı Salman boynuma tığ-ı bendimi. Ber Cemal Muhammed Kemal. Hasan Hüseyin Ali Bülent ra salavat.

SİTEMİ ÇELİK GÜLBANGI

Günahkârım günahım affeyleye ey Şah. Muhammed Mustafa ol Ali dergâh Hüseyni Kerbelâ hakkı için tövbe günahıma, estağfurullah. Hâl erenler hâlidir. Yol erenler yoludur. Gafil olma. Değen üstad elidir. Üstad nefesi, tarikatı iman, hidâyeti Ali, izni halife dest-i şah, eyvallah. Hû dost.

GEREKİR

Dostum bu yol gayet zordur girilmez
Eriyip incelip girmek gerekir
Bir yerde zehiriz bir yerde balız
Zehiri bal edip yutmak gerekir

Bu yola girmeyen yanar tutuşur
Rengi atar yanak dudak buruşur
Aylar yıllar geçer güne karışır
Var mı ey bir günün saymak gerekir

Hiç ister mi ârif olan saltanat
Hakkın katarından ister bir kanat
Gel gir cemimize aşkı sen de tat
Kuduret balını tatmak gerekir

Kolay mı küfürde imanı bulmak
Âşık olup aşkın nurundan yunmak
Nefsini hak edip ebedi kalmak
Ölmeden evveli ölmek gerekir

Adil Ali burda açık varımız
Sevip sevilene kurban canımız
Her can bilmez gizdir bizim kârımız
Bu meclisten kârın almak gerekir

YEMEĞE BAŞLARKEN SOFRA GÜLBANGI II

Bismişah! Evvel Allah diyelim. Kadim Allah diyelim. Geldi Ali sofrası destur ya Şah diyelim. Şah'ın gönderdiğini biz yiyelim. Demine Hû diyelim.

SOFRA SONU GÜLBANGI III

Bismişah! Allah Allah!

Elhamdülillah. Nimet-i devlet ziyade ola. Er Hak bereketini vere. Bu gitti ganisi gele. Nimet-i Celil, berekât-ı Halil. Artsın tükenmesin. Taşsın dökülmesin. Bir nimet-i nur ola. İçtiğimiz tahür ola. Ocaklarımız mamur, gönüllerimiz pür nur ola. Düşmanlarımız hor ve mahkur ola.

Cömert lokma sahibi ve bilcümle bendegân-ı Al-i Resul cümlemizin yüzünü ak, gönlümüzü pak, düşmanlarımızı islah eyleye.

Er Hak Muhammed Ali, On İki İmam, On Dört Masum-u Pâk, On Yedi Kemerbest gözcümüz ve bekçimiz ola. Didârından, katarından, yolundan, dergâhından ayırıp, şaşırıp düşürmeye, çağırdığımız destgir olup imdâd-res ola.

Üçler, Beşler, Yediler, Kırklar, üç yüz altmış altılılar. Binbirler himmetleri daim, nazarları üzerimize hazır ve nazır ola.

Kutb-i âlem Şah-ı ekrem, zât-ı tamam, hayat-ı müdâm destgir-i hâs-ü âm, pirimiz, üstadımız, melce-i mülâzımımız Hazreti Hünkâr Hacı Bektaş Veli efendimizin himmetleri, kerametleri zahiren ve batınen üzerimize hazır ve nazır ola. Cümle gerçeklerin demine Hû...

YEMEK TERCEMANI

Bismişah! Allah Allah!..

Ni'met-i Celil, bereket-i Halil (Allah'ın verdiği yiyecektir, Halil İbrahim bereketi olsun), bu gitti ganisi gele, Hakk bin bir berekâtını vere. Yiyenlere nûr-u imân ola. Yiyip yedirenlerin, alıp getirenlerin, pişirip kotaranların, sofra hizmetinde bulunan can kardeşlerimiz hizmetleri kabul ve Hakk erenler yardımcıları ola.

Cümle azâlarından dert ve keder görmeyeler.

On İki İmam Efendilerimizden kısmetlerimiz gani ola.

Hastalarımıza şifa ihsan eyleyeler.

Hazreti Pir destgir (Elimizden tutan), mazhar-ı sırr-ı Ali (Hz. Ali sırrı kendinde açığa vuran) safâ nazarları üzerlerimizde sâyebân (gölgelik) ola.

Gülbang-ı Muhammedi, nûr-u Kerem-i Ali.

Lokma hakkına, sofra hürmetine, evliyâlar keremine, cömertler demine, hazır ve gâib gerçeklere Hû...

SOFRA GÜLBANGI IV

"Bismişah! Allah Allah!..

Elhamdülillah, nimeti devlet ziyade ola. Er, Hak bereketin vere. Bu gitti ganisi gele. Nimet-i Celil, bereket-i Halil ola. Cömert lokma sahibi ve bil cümle Al-i Resul cümlemizin yüzünü ak, gönlünü pak, düşmanlarımızı helâk ede.

Er Hak Muhammed-Ali, On İki İmam, On Dört Masumu Pak, On Yedi Kemerbestan gözcümüz ve bekçimiz ola. Didarından, katarından dirlik ve birliğinden ayırıp şaşırıp düşürmeye. Çağırdığımızda omzumuzda ola. İmdadı resul ola.

Üçler, Beşler, Yediler, üç yüz altmış altılılar, bin birlerin hizmeti daim, nazarları üzerimizde hazır ve nazır ola.

Kutb-ı alem, Şah-ı Ekrem, zat-ı tamam, hayat-ı müdamın desteği has-âm, pirimiz üstâdımız melce-i mülazımımız, Hünkâr Hacı Bektaş Veli Efendimizin kerametleri, zahiren ve batınen üzerimizde hazır ve nazır ola.

Arafatta İmam Cafer hanesine karışa, gerçeğin demine Hû..."

HAYIRLAR FETHOLSUN ŞERLER DEFOLSUN

Subh-u ey gönül çekelim gülbang
Hayırlar fetholsun şerler def'olsun
Niyaz et muradın gani Mevlâdan
Hayırlar fetholsun şerler def'olsun

Sabahın vaktinde durup duaya
El kaldırıp yüzün çevir semaya
Yere yüzler sürüp yalvar Mevlâ'ya
Hayırlar fetholsun şerler def'olsun

Leyle-i muzlimde aşık-ı naçar
Çar civarın alsa dert ile efkâr
Sıdk ile On İki İmam'a yalvar
Hayırlar fetholsun şerler def'olsun

Âkil ol ey kardaş uyma kallaşa
Beyhude yerlere düşme savaşa
Var türaba yüz sür Hacı Bektaş'a
Hayırlar fetholsun şerler def'olsun

Bin bir ismin biri Kâdyel-i Hâcât
Andan hasıl olur her türlü nevât
Pire yüzler sürüp eyle münacât
Hayırlar fetholsun şerler def'olsun

Perişan fetheyle hayra dehanın
Daima zikretsin Hakk'ı zebanın
Eşiğine baş koy Balım Sultan'ın
Hayırlar fetholsun şerler def'olsun

SABAH VE AKŞAM DUALARI

Bismişah! Allah Allah!..

Sabahlar (veya akşamlar) hayrola, hayırlar fethola, şerler defola, münkir (kabul etmeyen), münafık mat ola. Mü'minler zât ola ve sevine. Dışımız kuvvetli, içimiz kudretli ola. Allah erenler yardımcımız ola. Her nazar haklarımızda hayırlı ola. Münkir münafık boynundan Zülfukar-ı Haydar eksik olmaya.

Gülbang-ı Muhammedi, Nur-u Nebi, Kerem-i Ali, Pirimiz kutb-u âlem Hünkâr Hacı Bektaş Veli, Üçler, Beşler, Yediler, Kırklar, nâzirân gâibân, evliyâ enbiyâ Kutb-u zaman, On İki İmam, On Dört Masum-u Pâk, On Yedi Kemerbestagân... Nur-u nübüvvet sırr-ı vilâyet gerçekler demine Hû.

MÜMİNİN KALBİNDE YER EDEN MEDED

Abdal Musa Sultan gazaba geldi
Fetheden Urum'u yaratan meded
Cihan hârab oldu insan az kaldı
Yine ferman senin elaman meded

Bizler de severiz Ali'nin soyun
Bizlerden razı ol Hasan Hüseyin
Zindanda vermişsin Zeynel'in payın
Bâkır'ı zindanda var eden meded

Yetiş İmam Ca'fer al elden bizi
Her dem arzumendiz isteriz sizi
Zülfikar'ı attı yuttu denizi
Necef deryasını kurutan meded

Mürşidim Kâzım Rıza'ya varalım
Derdimize derman anda görelim
Taki Naki Askeri'ye erelim
Mehdi'yi mağrada sırreden meded

Hüseyn Gazi Sultan bellisin cansın
Niyazım kabul et müşkilim kansın
Hüseyn Ocağı'nın gözcüsü sensin
Ayırma koyunu sürüden meded

İmdat sizden ancak Urum erleri
Gaib erenler Horasan pirleri
Muallakta tutan bab-ı Hayber'i
Cengde Muhammed'e car eden meded

Balım Sultan gerçek sırr-ı Ali'sin
Mü'minlerin kanadısın kolusun
Pirim Hünkâr Hacı Bektaş Veli'sin
Cansız duvarları yürüten meded

Kul Hüseyn'im aydur gönle değmeyin
Giderip yükünü alıp yığmayın
Sırrınızı gönlünüzde koymayın
Mü'minin kalbinde yer eden meded

GEL TEVBEYE

Dünyaya mağrur kişi
Tevbeye gel tevbeye
Uçmadan ömrün kuşu
Tevbeye gel tevbeye

Ey halk içinde ulu
Olmuş nefsinin kulu
İşit hey yaman huylu
Tevbeye gel tevbeye

Sakalına baka bak
Kara iken oldu ak
Dünya sana kurdu fak
Tevbeye gel tevbeye

Ulu kıyamet kopa
Düz ola dere tepe
Niceler yoldan sapa
Tevbeye gel tevbeye

Uça gide can dahi
Kuru kala ten dahi
Yunus Emre sen dahi
Tevbeye gel tevbeye

TERCEMAN-I ÖZÜRDAR

Günahkârım mücrimim ey Şah. Men suçuma mu'terifim ey padişah. Hata kıldım suçumu affeyle ey Şah. Bihakkı Mustafa ve Murtaza keremkani Hüseyin Şah.

Bihakkı hanedan-ı Hazreti Al-i abâ.

A'raf Suresi 23. Ayet:

Onlar "Ey Rabbimiz! Biz kendimize zulüm ettik. Sen bizi yargılamaz, esirgemezsen biz herhalde zıyankârlardan oluruz" dediler.

Estağfırullah, Estağfırullah, Estağfırullah, Estağfırullah. Ağrınmış, incinmiş can karındaş var ise, meydan-ı muhabbete, dar-ı mansûrda, yüzüm yerde, özüm darda, hakkı olan karındaş hakkını taleb etsin. Tarikatte boyun burmak hatadır. Erenler yolunda teslim olmak rızâdır. Ya elimden, ya dilimden, her ne geldi ise elim dilim kesmek revâdır. Allah, eyvallah erenler hû dost. Pür Cemal-i Muhammed Kemal-i Hasan Hüseyin Ali ra Bülend salavat. Allahümme salli alâ Muhammed ve alâ Ali Muhammed hû.

DEDİLER

Allah medet ya Muhammed ya Ali
Derdimin dermanı sende dediler
Dahi senden gayri kim var evveli
Ne beklersin ıssız handa dediler

Bektaş-ı Veli'ye halim arzettim
Orgun orgun Fatmana'ya el ettim
Arı gibi emeklerim bal ettim
Türlü çiçeklerim balda dediler

Lokman Hekim el çalmamış yaramız
Ölüm vardır kimse savmaz sıramız
Hasan Hüseyin'de yanar çıramız
Biri ay'dır biri gün'dür dediler

İmam Zeynel İmam Bakır kazanı
Anda derler sıratı hem nizamı
İmam Cafer okuyup da yazanı
Doksan bin kelamın onda dediler

Kazım Musa Ali Rıza destimiz
Taki Naki Askeri'dir dostumuz
Bir gün kara toprak bürür üstümüz
Ne cevap verelim Sin'de dediler

Mehdi dedem ser çeşmenin gözünde
Çifte çifte benleri var yüzünde
Hür Şehid de Kerbela'nın düzünde
Yunmamış gömleğin kanda dediler

Kul Himmet'im bu cihanı dolaşır
Şehid olan al kanlara bulaşır
Hızır üç kardeştir gelir ulaşır
Birinin adına Zenne dediler

LOKMA GÜLBANGI

Bismişah! Allah Allah!

Lokmanız kabul ola, Hak Dergâhı'na yazıla, lokma sahibleri lokmalarından şefaat bula. Üçler, Beşler, Yediler, On İki İmam Efendilerimiz yardımcınız, şefaatçınız ola. Pirimiz Hünkâr Hacı Bektaş Veli Hazretleri sizden razı ve hoşnud ola. Şefaatı Nebi, Keremi Ali, Pirimiz Hünkâr Hacı Bektaş Veli demine Hû.

DEĞİL Mİ

Evliyadan gelen kelâm
Okunan Kur'an değil mi
Gerçek evliyanın sözü
Sure-yi Rahman değil mi

Çün Hak seni yarattığı
Zâtına mir'at tuttuğu
Tecelli-i zat kıldığı
Sureti insan değil mi

Hak haberin dinleyene
Candan kabul eyleyene
Hakk'ı bilip anlayana
Sözümüz bürhan değil mi

Gerçek elini tutmayan
Gönlünü ona vermeyen
Hakk'ı batıldan seçmeyen
Cahil-ü nadan değil mi

Ey **Kaygusuz** halin nola
Sen de gide gör bu yola
Hak Kerem edincek kula
Hak ünden ayan değil mi

HAK HAYIRLISI GÜLBANGI

Bismişah! Allah Allah!..

Yüzüm yerde özüm darda. Dar-ı Mansur'da, erenlerin gani dergâhında. Erenlerden Hak hayırlısı Şey'en ederim. Allah eyvallah Hû dost.

EŞİK GÜLBANGI

Bismişah! Allah Allah!..

Benim bülbül, bugün gülzara geldim. Halimi arzetmeğe dildare geldim. Koyarlarsa bizi içeri erenler kapıda düşmeğe didare geldim. Ber Cemal zat-ı sâlâ Al-ı abâ ra salavat. Hû dost.

HAK İLE BİRLİKTE YEKDAŞ İDİM BEN

Cihan var olmadan ketm-i ademde
Hak ile birlikte yekdaş idim ben
Yarattı bu mülkü çünkü o demde
Yaptım tasvirini nakkaş idim ben

Anâsırdan bir libasa büründüm
Nâr-ü bâd-ü Ab-ü hâk'den göründüm
Hayrülbeşer ile dünyaya geldim
Âdem ile bile bir yaş idim ben

Âdem'in sulbünden Şît olup geldim
Nûh-u Nebî oldum tufana daldım
Bir zaman bu mülke İbrahim oldum
Yaptım Beytullâh'ı taş taşıdım ben

İsmail göründüm bir zaman ey can
İshâk Yâkup Yusuf oldum bir zaman
Eyyûb geldim çok çağırdım el-amân
Kurt yedi vücudum kan yaş idim ben

Zekeriyya ile beni biçtiler
Yahyâ ile kanım yere saçtılar
Davûd geldim çok peşime düştüler
Mühr-ü Süleyman'ı çok taşıdım ben

Mübarek asâyı Mûsa'ya verdim
Rûhü-l Kûdüs olup Meryem'e erdim
Cümle evliyâya ben rehber oldum
Mûciz murg-ı şeb-î hûffaş idim ben

Sülb-i pederimden Ahmed-i Muhtar
Olup da cihana geldim âşikâr
Ali ile çok takındım Zülfikar
Kul iken Zât ile sırdâş idim ben

Tefekkür eyledim ben kendi kendim
Mucize görmeden imana geldim
Şah-ı Merdan ile Düldül'e bindim
Zülfikar bağlandım tığ taşıdım ben

Sekahüm hamrinden içildi şerbet
Kuruldu ayn-i cem ettik muhabbet
Meydana açıldı sırr-ı hakikat
Aldığım esrara sırdâş idim ben

Hidâyet erişti bize Allah'dan
Biat ettik cümle Resulullah'dan
Haber verdi bize seyr-i fillah'dan
Selman-ı Pâk ile yoldaş idim ben

Şükür matlûbumu getirdim ele
Gül oldum feryâdı verdim bülbüle
Cem olduk bir yerde Ehl-i Beyt ile
Kırklar meydanında ferrâş idim ben

İkrar verdik cümle düzüldük yola
Sırrı fâş etmedik asla bir kula
Kerbela'da İmam Hüseyn'le bile
Pâk ettim dâmeni gül taşıdım ben

Şu fena mülküne çok geldim gittim
Yağmur olup yağdım ot olup bittim
Urûm diyarını ben irşâd ettim
Horasan'dan gelen Bektaş idim ben

Gâhi Nebî gâhi Velî göründüm
Gâhi uslu gâhi deli göründüm
Gâhi Ahmet gâhi Ali göründüm
Kimse bilmez sırrım kallâş idim ben

Hamdü'lillah şimdi **Şîr'i** dediler
Geldim gittim zâtım hiç bilmediler
Kimseler bu remzi fehmetmediler
Her gelen mahlûka kardaş idim ben

MUHAMMED ALİ'YE ÇIKAR YOLLARI

Seyran edip bu Alemi gezerken
Uğradım gördüm bir bölük canları
Cümlesinin erkânı bir yolu bir
Muhammed Ali'ye çıkar yolları

Cümle bir mürşide demişler beli
Tesbihleri Allah, Muhammed, Ali
Meşrebi Hüseynî, ismi Alevi
Muhammed Ali'ye çıkar yolları

Durakları irfan bağ ile bostan
Silinmiş kalpleri gümandan pastan
Cümlenin muradı bir ulu dosttan
Arı gibi sedalaşır dilleri

Sıratı mizanı, bunda geçmişler
Varlık, benlik binasını yıkmışlar
Al giymişler yas donundan çıkmışlar
Gece Kadir, gündüz bayram günleri

Cümle bir mürşide demişiz beli
Üçlememiz Allah-Muhammed-Ali
İrfanı Hüseynî ismi mevalî
Hüseyin aşkına akar kanları

Bir nefeste bir imana uymuşlar
Birinin niyazın bine saymışlar
Kaynayıp da kaptan kaba koymuşlar
Haber duymuş dost elinden canları

Kul Himmet'im gerçeklerin bu meydan
Özün kurtarmışlar sıfat-ı şirkten
Hep içmişler Kırklar içtiği meyden
Haber duymuş dost elinden canları

GÖRDÜĞÜN ÖRT, GÖRMEDİĞİN SÖYLEME I

Muhammed Ali'ye ikrar verdinse
Gördüğün ört, görmediğin söyleme
Sıtkile imanda karar kıldınsa
Gördüğün ört, görmediğin söyleme

Delilimiz oldu Hazreti Kur'an
Böyle buyurmuştur, ol Şah-ı Merdan
Var ise göğsünde zerrece iman
Gördüğün ört, görmediğin söyleme

Sakın yalancıyla eyleme sohbet
Yalancıya yuf var, Yezid'e lanet
Dilersen desinler canına rahmet
Gördüğün ört, görmediğin söyleme

Bu yol Hak Muhammed Ali yoludur
Kırklar'ın binası, ulu yoludur
Pirim Hacı Bektaş Veli yoludur
Gördüğün ört, görmediğin söyleme

Genci Abdal Hakk'a ermek istersen
Dost yoluna can baş vermek istersen
Hakk'ın cemalini görmek istersen
Gördüğün ört, görmediğin söyleme

GÖRDÜĞÜN ÖRT, GÖRMEDİĞİN SÖYLEME II

Sana yerden gökten büyük nasihat
Gördüğün ört, görmediğin söyleme
Erenlerden, Pirden budur emanet
Gördüğün ört, görmediğin söyleme

Ben dahi aşıkı rah olam dersen
Evci semavata mah olam dersen
Selamet şehrine Şah olam dersen
Gördüğün ört, görmediğin söyleme

Kendi bilgisine gidene lanet
Kizbe tevil olmaz haktır bu sohbet
Kimseye dil olma ey ehli hüccet
Gördüğün ört, görmediğin söyleme

Bu yola yol ile giden velidir
Bu yola sıtk ile giren bellidir
Allah Hak Muhammed Şah'ım Ali'dir
Gördüğün ört, görmediğin söyleme

Azbi küstahlıktır sende ayandır
Sen, ben deme daim hali Şeytandır
Ahte sabitkadem ehli imandır
Gördüğün ört, görmediğin söyleme

ERKÂN SELAMI

Esselâm-ı aleyküm ey Şeri'at erenleri!
Esselâm-ı aleyküm ey tarikat pirleri!
Esselâm-ı aleyküm ey ma'rifet kâmilleri!
Esselâm-ı aleyküm ey hakikat şahları!
Mürşid her defasında:
- Ve aleyküm-üs-selâm ve rahmetullah-i ve berekâtüh...

TERCEMAN

Bismişah! Allah Allah!

Hakk, dost, zâhir, bâtın, hâzır, gâib. Ayn-ül-cem'erenlerinin gülcemâllerine aşk...

Ber-cemâl-i Muhammed, Kemâl-i İmam Hasan, İmam Hüseyin, Ali ra Bülende salavat...

Allahümme salli alâ seyyidinâ Muhammed-in ve alâ Ali Muhammed...

HİMMET DUASI

Bismişah! Allah Allah!..

Sofran ganı olsun, Lokma'n şirin olsun, yüzün ak olsun, Allah-Muhammed-Ali yaverin olsun.

On İki İmam, On Dört Ma'sum-u Pak, On Yedi Kemerbest destgirin olsun.

Cemâl-i Muhammed, Kemâl-i Ali, Yâ şah-ı Merdân Hû yâ Hû.

TOPLU HALDE HİZMETCİLERE OKUNAN DUA

"Bismişah! Allah, Allah, Allah!..

Hizmetler ulu divana kayıt ola.

Hizmetinizden şefaat bulasınız.

Siz bu cem sakinlerine hizmet ettiniz.

Evreni var eden o yüce Allah da sizin dilde dileğinizi, gönülde muradınızı versin.

Merde namerde muhtaç etmesin.

Kötüleri yoldaş etmesin.

Kazadan beladan korusun.

Hakk erenlerin katarından didarından ayırmasın.

Dil bizden, yardım Allah'dan olsun.

Gerçeğe Hûû, mümine ya Ali!.."

BİZ TUTALIM TUTMAYANDA NEMİZ VAR

Gel gönül pirlerin nasihatını
Biz tutalım tutmayanda nemiz var
Dost muhabbetin muhabbetimize
Biz katalım katmayanda nemiz var

Bize bunu diyen böyle demiştir
Bir lokmayı bin can ile yemiştir
Erenler bir doğru yoldur kurmuştur
Biz gidelim gitmeyende nemiz var

Yine Hak sendedir sen sana baka
Sen sana bakıp da sen senden korka
İhlas ile niyazımızı Hakk'a
Biz edelim etmeyende nemiz var

Gel **Hatayi** ikrarımız güdelim
Biz bizi görelim gayrı nidelim
Yıkık gönülleri ma'mur edelim
Biz edelim etmeyende nemiz var

TERCÜMAN-I TESLİM-İ CELİL

Bismişah! Allah Allah!

Günahkârım günahım affeyle ey Şah Hüseyn-i Kerbela sırrı hakkıyçün. Tevbe günahıma estağfırullah. Hal erenler halidir, yol erenler yoludur. Ber Cemâl-i Muhammed Şah Kemal-ra Bülend salavat.

TERCÜMAN-I NEFİR

Bismişah! Allah Allah!..

Geçip meydan-ı piran üçlere yetip, dîvan-ı nush-ü pend canlara. Koç İsmail'den aldım yadigâr. Dem vurdum Sûr-i İsrafil nefire, Ber Kemâl-i Muhammed, Şah Hasan, Şah Hüseyin Ali râ Bülend salavat.

SERCEM MEYDANA SORAR

"Bismişah! Allah Allah!..

Ey erenler! Muhammed Ali yoluna, İmam Cafer-i Sadık Erkânına, Pirimiz Hünkâr Hacı Bektaş Veli katarına katılmayı dileyen can kardeş, bu meydana gelmiştir.

Târik-i Hakk'a kabul olunmayı istiyor, ne dersiniz?

Bu can kardeşten razı mısınız?"

TARİKAT TELKİNİ

Bismişah! Allah Allah!..

Ey Hak yolunun isteklisi! Şanı yüce Allah'a, Peygamberlerin sonuncusu ve üstün Muhammed Mustafa'ya Evliyalar Şah'ı Aliyyel Mürteza'ya onların varisi olan On İki İmam Efendilerimize iman getir.

(Talib: -Lâ ilahe illallah, Muhammedün Resulullah, Ali'yün Veliyullah diyerek kelime-i Tevhidi okur. Mürşid devamla...)

Ehl-i Beyt mezhebinin isim atası olan Cafer-i Sadık Hazretlerinin içtihadı ile amel eyle. (Talib: Eyvallah, Şahidillah der.)

Onların dostlarını rahmetle, düşmanlarını lanetle an. Mürşidini Muhammed Ali'nin halifesi bil. Onun nasihatını tut. Yalan söyleme, şehvetperest olma, eline diline beline kavi ol.

Kimseye karşı kin, kibir, hased, buğuz, garaz ve inad sahibi olma. Elinle koymadığını izinsiz alma. Boşalttığın varsa doldur. Ağlattığın varsa güldür, yıktığın varsa onar. Boş yere konuşma. İbretle bak hilm ve hizmet eyle. İkrarını temiz tut, bozma. Hakk'ı özünde mevcut bil, kendini Hak'dan gayrı sanma. Çünkü o her an seninledir. Yaptığını bilir. Söylediğini işitir, hiçbir davranışını O'ndan gizleyemezsin. Erenlerin gizli-liğine bilgi sahibi ol.

Mürşid'in Muhammed, Rehberin Ali, Pirin Hünkâr Hacı Bektaş Veli'dir. Mezheb sahibin Ehl-i Beyt yolu olan İmam Cafer-i Sadık'tır. Güruhu Naci'densin, özünü böyle bil. Erenler yolunda sabit kadem ol. Allah ikrarını mübarek eylesin.

Kerem-i Evliya demi Hünkâr Bektaş Veli,
Gerçek erenlere Hû.

DÜVAZDA İMAM
SEN ERENLER ÜMİDİSİN HACI BEKTAŞ-I VELİ

"Bismişah! Allah Allah!..

Levlake levlak gönderdi Muhammed'in şanına
Git hey Yezit susamışsın Ali evladının kanına
Günde yüzbin lanetim var ol Yezit'in canına
Ey evliya madenisin settarım sırrım Ali
Sen erenler ümidisin Hacı Bektaş-ı Veli

Yaratıcısın yaratıcı, hergiz yoktur gümanım
Sana güman edenlerin hergiz olmaz imanı
Yine sen sana getirdin veliliğin fermanı
Ey evliya madenisin settarım sırrım Ali
Sen erenler ümidisin Hacı Bektaş-ı Veli

Muhammed'i davet etti kendi öz hanesine
Günde bin adam azad ederdi bir adam danesine
Kün deyince karar kıldı yerin göğün binasına
Ey evliya madenisin settarım sırrım Ali
Sen erenler ümidisin Hacı Bektaş-ı Veli

Zülfikar'ı bırakınca Necef deryası coştu
Ali'ye kast eden kişiler Kaf'ın ardına kaçtı
Dinini zikreyleyenler ab-u Kevser'den içti
Ey evliya madenisin settarım sırrım Ali
Sen erenler ümidisin Hacı Bektaş-ı Veli

Hem ilim kapısı hem iki cihanın Şah'ı
Muhammed sırrını verdi gösterdi Hakk'ı
Ondan başka kimse yoktu sırları hep o aldı
Ey evliya madenisin settarım sırrım Ali
Sen erenler ümidisin Hacı Bektaş-ı Veli

Muhammed Hasan'ı aldı dizine öptü ağzını
Şah Hüseyin coşa geldi öptürdü boğazını
Zeynel Abidin hakkı için kabul et niyazımı
Ey evliya madenisin settarım sırrım Ali
Sen erenler ümidisin Hacı Bektaş-ı Veli

Muhammed Bakır'a nida geldi Hakk'tan hidayet erince
Taş gönüller mum olur hub cemalin görünce
Gaziler mürüvvet diledi Cafer yolun sürünce
Ey evliya madenisin settarım sırrım Ali
Sen erenler ümidisin Hacı Bektaş-ı Veli

Musa'yı Kâzım razıdır Hakk'tan gelen ezaya
Mümin olan tahammüllü gelen bütün kazaya
Üzümle ağu verdiler İmam Ali Rıza'ya
Ey evliya madenisin settarım sırrım Ali
Sen erenler ümidisin Hacı Bektaş-ı Veli

Muhammed Taki'dir tarikatın binası
Aliyyül Naki'dir müminlerin aynası
Mümine ahiretin verdi, münafıka dünyası
Ey evliya madenisin settarım sırrım Ali
Sen erenler ümidisin Hacı Bektaş-ı Veli

Hasan Ali Askeri'dir ol Mehdi'nin atası
Dur dedi durdu muallah kayası
Yerin göğün küre-i arzın ihyası
Ey evliya madenisin settarım sırrım Ali
Sen erenler ümidisin Hacı Bektaş-ı Veli

Gel ey Sultan **Şah Hatayim**sin saraya konmaya
Sen seni gör sen seni ki cismin oda yanmaya
Öyle bir yar sevmişim ki meyil vermem dünyaya
Ey evliya madenisin settarım sırrım Ali
Sen erenler ümidisin Hacı Bektaş-ı Veli

SOFRA DUASI

Şükrolsun Hakk'a
Hakk'ı mutlaka
Bizlere gıda
Verdi yiyelim

Hak Mustafa'sın
Gönle safasın
Ali sofrasın
Serdi yiyelim

Hasan Müşteba
Şahsı Kerbela
Zeynel'den ata
Geldi yiyelim

Bakır-ı Cafer
Musa'dır server
Rıza'dan kevser
Doldu yiyelim

Taki'yle Naki
Severiz Hakk'ı
Hasan Askeri
Buldu yiyelim

Âşık söyledi
Mehdi gel dedi
Layıklar yedi
Oldu yiyelim

SAKKA TERCEMANI

Bismişah! Allah Allah!..

Sakka: "Allah Allah... Din Muhammed dinidir. Sallü âlâ nazik Cemal kevser suyun verenler aşkına, Şahım Ali hem şehsuvar, hem sakidir, hem saklıdır kâinatın aynıdır. Kimse bilmez bu srrı, Hak bilir. Perverdigar arşı yarıldı çıktı. Düldül ebr ile hem bile, ey havariç yola gel, eyleme Şah'a inkâr. Çeşmi

bedden saklasın Hak seni.. O gevher harmanından sen kalmışsın yadigar! Dediler ki şu cihanın nuru kimdir? Kim ola? Şah Hasan, Şah Hüseyin adı kaldı yadigar. Cömertler cömerti sensin ey Emir-el müminin, cömertler erkânı budur dedi kamber sofrası.

Ben Şah'ın mecnunuyum, Şah bana Leyla göründü. Eşiğinde bunca yıl olmuşum tozlu gubar. **Şah Hatayi**'m kande olsan sen bu sırrı söylegil. Lâ feta illa Ali lâ seyfe illa Zülfikar. Mey olsun içenlere rahmet gerçeklere. Geçmişiz biz canü baştan erenler aşkına... Ahmed-i Muhtar, Haydar-ı kerrar aşkına! Kerbela'yı deşti gamda ser verenler aşkına! Gözüm yaşın sel ettim Şah-ı şehidan aşkına! Derdim Ya Ali, sakka İmam Hasan, İmam Hüseyin!"

MUHABBETTEN GEÇEN HAK'DAN DA GEÇER

Bâtınımda dedi bana bir aziz
Muhabetten geçen Hak'dan da geçer
Vermen nasibini kesin gıdasın
Muhabetten geçen Hak'dan da geçer

Muhabbet âdemi Hakk'a yaradır
Muhabbet etmeyen can müdaradır
Dünya vü ahrette yüzü karadır
Muhabetten geçen Hak'dan da geçer

Gerçek olan bir nefese inana
Canımız veririz kurban canana
La'net olsun ikrarından dönene
Muhabetten geçen Hak'dan da geçer

Muhabbetten hasıl oldu Muhammed
Ali'ye verildi cümle velayet
On İki İmamın erkânı şefaat
Muhabetten geçen Hak'dan da geçer

Dört kapı Kırk makam yetmiş iki kat
Muhabbet dedikleri tecelli-zat
Mü'mine müslime hayır nasihat
Muhabetten geçen Hak'dan da geçer

Muhabbet dediğin haslar hasıdır
Muhabbet olmayan Hakk'ın nesidir
Dost **Hatayi**'nin bu Hak nefesidir
Muhabetten geçen Hak'dan da geçer

CEM SONUNDA OKUNAN DUA

"Allah Allah... Allah, Muhammed, Ali!.. Pirimiz, üstâdımız Hünkâr Hacı Bektaş-ı Veli. Saklaya, bekleye, göre, gözete; neyleyim, nideyim dedirtmeye... Hastalara şifalar, dertlilere devâlar, evlat isteyene hayırlı evlatlar, devlet isteyene hayırlı devletler ihsan ederek; deryada, denizde, top-tüfek ağzında, sahrada-çölde-girdapta kalıp da, "Ya Ali, cârımıza yetiş!" diyenin cârına, imdadına yetişesin; darda, buğda koymasın... Cemi cümle Ümmet-i Muhammed ile eşimizin, dostumuzun, tâlibimizin, muhibbimizin ağız tadlarını bozmaya; elem, keder vermeyerek, daim bugünlere çıkmamızı nasip ve mıkadder eylesin...

Yâ Rabb-el-Alemin! Envâr-ı âşıkan, nusret-i piran, mürşid-i safiyân, kutb-ül ârifin, Hazreti Hünkâr Bektaş-ı Veli ve kâşif-ül Kerâmât-ı zâhir ve bâtın Es-Sultan Seyyid Hıdır Abdal bin-i Karaca Ahmet Sultan bin-i Es-Seyyid Nûreddin Seyyid-i sâdâtlarının hürmetlerine, hayırlı huzur ve refahlar eylesin!

Ali'nin inâyetinden, Muhammed'in şefaatinden mahrum koymayarak; âlimlerin, âbidlerin, pirlerin şefaatiyle yargılayasın. Nûr-ı Nebi, Kerem-i İmam-ı Ali, Pirimiz, üstâdımız Hünkâr Hacı Bektaş-ı Veli, gerçekler demine Hû..."

BİSMİŞAH ALLAH ALLAH BAĞIŞLA BİZİ

Ya İlahi sen bilirsin halimi
Muhammed Mustafa'ya bağışla bizi
Ferzendi ol hatemi nur nübüvvet
Fatıma Hayrünnisa'ya bağışla bizi

Boyu selvi şecer kameti münir
Evveli bismillah sana yad yoktur
Demanım Mustafa kamu peygamber
Ali-yül Murteza'ya bağışla bizi

Evvela pirimiz şahı velayet
İkinci Hasan'dan okurum âyât
Üçüncü Hüseyin kılsın inayet
Dört Zeynel Aba'ya bağışla bizi

Beşinci Muhammed Bakır geliptir lazım
Altıncı Cafer'e candan niyazım
Yedinci imamımız Musa'yı Kâzım
Sekiz İmam Rıza bağışla bizi

Dokuzuncu İmam Muhammed Taki
Onuncu imamımız Ali-ül Naki
On birinci imam Hasan-ül Askeri
Çeşmim çırağı evliyaya bağışla bizi

On ikinci imam Muhammed Mehdi
Devri âhirde gelmeye var ahdi
Ey **Hatayi** gözle gör gel bu bahtı
Ol sahip bekaya bağışla bizi

CEM SONUNDA OKUNAN DUA I

"Bismişah! Allah, Allah, Allah!..

Oturan duran koysuz, kıybetsiz evine varıp, baş yastığa koyan, sağ yatıp selamet kalka. Kalabalık etmeden, saygı ve hürmetle cemevinde ayrılanların, Ali yardımcısı, Hızır kılavuzu ola.

Görünür görünmez kazadan beladan koruya.

Gerçek erenlerin demine Hûû, mümine ya Ali!.."

CEM SONUNDA OKUNAN DUA II

"Açıldı meydan-ı Arş-ı Rahmân
Def oldu şeytan, göründü Sübhân
Sübhân'ıma hû, Yezdân'ıma hû!
Pirim Hacı Bektaş Hünkârıma hû!

Melektir insan, tekebbürdür şeytan
Meydana girmeyen olur mu insan
Sübhân'ıma hû, Yezdân'ıma hû!
Pirim Hacı Bektaş Hünkârıma hû!

Sûfî meydanına ikrar verenler
Meydanı görüp aşkla girenler
Meydanda gönlün yere serenler
Hakk'dır bilenler, gerçek erenler

Sübhân'ıma hû, Yezdân'ıma hû!
Pirim Hacı Bektaş Hünkârıma hû!
Cennet cehennem her yerde vardır
Mîzân ve Sırat mü'mine "dâr"dır

Gördün münkire dünya da dardır
Mü'mine ikrar vermemek ardır
Sübhân'ıma hû, Yezdân'ıma hû!
Pirim Hacı Bektaş Hünkârıma hû!

CEM SONU OKUNAN DUA III

"Bismişah! Allah Allah!..

Dualarımız kabul, ibadetlerimiz makbul ola.

Muhammed'in himmetiyle, Ali'nin mürvetiyle, cemimizin mühürü açıla.

Hakk'ın rahmeti üstümüze saçıla.

Eksiklerimiz tamam yazıla.

Hizmet sahipleri hizmetlerinden şefaat bula.

Seccaden temiz, yüzün ak ola.

Yüce Allah tekrar bu yolu, bu cemi hepimize nasip eyleye.

Gerçeğe Hûû, mümine ya Ali!.."

DELİLİN SIR EDİLMESİ DUASI

(Delilci Okur)

"Çok çerağ uyandırdık Hüdâ'nın aşkına
Seyyidü'l Kevneyn, Hâtemü'l-Enbiyâ'nın aşkına
Sâkî-i Kevser Aliyyü'l-Murteza'nın aşkına
Hem Hatice, Fatıma Hayrü'n-nisâ'nın aşkına
Oniki sadr-ı velâyet pîşivânın aşkına
Çâr deh mâsum-ı pâk evliyanın aşkına
Peygamber-i Hünkâr, kutbü'l-evliyanın aşkına
Üstümüzde gezen erenlerin ruhudur
Gözyaşımız ibadetin sırrıdır
Yanan delilimiz Hakk'ın Nur'udur
Muhammed Mirac'a gitti bu Nur'dan
Muhammed Ali'nin Nur'udur bu Nur
İrfan meydanında bu Nur bulunur
Pir'in himmetiyle delil sır olur
Himmet eyle Pir'im sır olsun delil"

DELİL'İN SIRLANMA DUASI

"Bismişah! Allah Allah!..

Batın oldu, Çırağ-ı Nur-i Muhammed. Zahir oldu Şems-i Mah-i Muhammed. Delilimiz sır ola, gönlümüz Nur-i İman ola.

Erenler evliyalar yardımcımız ola.

Emeklerin boşa gitmeye.

Dualarımız Hakk-Muhammed-Ali'nin dergâh-ı izzet'inde kabul ola.

Gerçeğe Hûû, mümine ya Ali

ALİ İLE MUHAMMED'İN AŞKINA

İnib yerden göğe bina kuranlar
Ali ile Muhammed'in aşkına
Melekler misali secde duranlar
Ali ile Muhammed'in aşkına

Şeytanı sürdüler düş eylediler
Yezid'in bağrını taş eylediler
Kırklar velayeti faş eylediler
Ali ile Muhammed'in aşkına

Muhammed Ali'dir kuran bu yolu
Mü'mine saçıldı tarikat gülü
Bir ulu dergâhtır sürün bu demi
Ali ile Muhammed'in aşkına

Muhammed Ali'nin cem'ine vardı
Kırklar da silkinib ayağa durdu
Doksan bin erenler semaha girdi
Ali ile Muhammed'in aşkına

Şah **Hatayi**'m hatm eyledim kelamı
Evvela Cibril'e verdi selamı
Mahrum olmaz seven Şah'ı imamı
Ali ile Muhammed'in aşkına

YAKARIŞ DUASI

BAĞIŞLA

Bismişah! Allah Allah!

Hüda kıl mağrifet cümle günahım
Muhammed Mustafa Hakk'ı bağışla
Velayet mülkünün hem padişahı
Aliyül Murteza Hakk'ı bağışla

Resulü Kibriya'ya server olan
Şefaatle o nasa rehber olan
Muhakkak ümmü hane ekber olan
Hatice o Sina Hakk'ı bağışla

Budur envari bahrinin esası
Getiriben lâli mercanı hası
Yüz sürüp Fatıma'dandır ricası
Bu dem Hayrünnisa Hakk'ı bağışla

Bunların kapısı darı emandır
Şefiyi ruzu şeb yevmil isyandır
Kerem kânı imamı du cihandır
Hasan Hulki Rıza Hakk'ı bağışla

Eder eşnayi burcunda lehman
Ziyasından ayırma eyle ihsan
Kusurumuz çok Şah-ı Şehidan
Hüseyin Kerbela Hakk'ı bağışla

Yüzüm yerde, özüm bu dar içinde
Mukeynem müminem ikrar içinde
Aman yandırma hergiz nar içinde
İmam Zeynel Aba Hakk'ı bağışla

Muhibi Ehlibeyt'e gel ikrar et
Divanı dergâhında bulasın şefkat
Niyazım du cihanda verme zahmet
İmam Bakır Baka Hakk'ı bağışla

Güruhu Naci'nin hem pişuvası
Tariki müstakimin rehnuması
Beşerdir kul olur gerçi hatası
Caferi Rehnüma Hakk'ı bağışla

Dedi Mürsel bunlar size emanet
Biri evlat biri Kur'an temamet
Seveni yargıla yevmil kıyamet
İmam Musa Kâzım Hakk'ı bağışla

Horasan hakiminin Şah'ı emiri
İmam Hastemin'in tacı serili
Cemi mücrümlerin ol destegiri
Ali Sultan Rıza Hakk'ı bağışla

Bunlardan isteriz her çare himmet
Nedenli kul kusur işlerse elbet
Yine bir zerredir ol Şems'e nisbet
Taki ile Naki Hakk'ı bağışla

Bunlardır mazhar biz şefkatlerine
Cem olmuşuz bugün haki darine
Dua et rahmetin kemterlerine
Hasan'ül Askeri Hakk'ı bağışla

Muhammed Mehdi'yi iki cihanı
Babında haşrı, kıl sahip zamanı
Mühibi bendesi Şah'ı zamanı
Bir ismi Kibriya Hakk'ı bağışla

Çarda masumeyni bilmişiz erkân
Sığındım affına asıyem herdem
Fevziye hazretinde derdim epsem
Medet Ali Aba Hakk'ı bağışla

SAKİ GÜLBANGI

Bismişah! Allah Allah!

Can-ı baştan geçmişiz biz Rum erenler aşkına. Can gözüyle dembedem Hakk'ı görenler aşkına. Kerbela deşti gamda can verenler aşkına. Şol Yezid'in elinden susuz kalanlar aşkına. Sebil ederim canlar Şah Hüseyin aşkına. Ber Cemal Muhammed Kemal-i Hasan Hüseyin Bülend ra salavat.

SAKACI'YA OKUNAN DUA

"Bismişah! Allah Allah!..

Ey yücelerin yücesi, ey evreni yaratan yüce Allah.

Hz. Muhammed Mustafa'nın, Aliy'el Murteza'nın soyu, Fatıma Anamızın ciğerpareleri olan!..

Hz. Hüseyin ile beraber Kerbela'da şehit düşen 72 şühedanın tertemiz ruhlarını, huzuru makamında ilahi nurunla nurlandır, şefaatınla mükafatlandır, ya Rabb...

Onların yüzü suyu hürmetine, bu sudan bir yudum içenin dertlerine derman, hastalıklarına şifa eyle, ya Rabb...

Bütün gelmiş geçmiş erenlerin, evliyaların hürmetine, bu sudan içenleri, bütün sıkıntılardan kurtar, gönüllerine iman ve huzur nasip eyle, ya Rabb...

Dil bizden, şefaat Muhammed Mustafa'dan, Hüseyin-i Kerbela'dan olsun.

Yuh münkire, lanet Yezid'e.

Rahmet mümine, gerçeğe Hûû, mümine ya Ali..."

"Allah Allah!

Rum erenler aşkına, dembedem hakkı görenler aşkına, saki kevser hem Ali'yel Murteza'nın aşkına, veren sakka İmam Hüseyin selam-ullah, İmam Hasan, Şah Hüseyin cem erenlerinden on iki kişiye birer yudum su ver.

Hû aşk ola içenlere, rahmet gerçeklere, lanet Yezid'e.

Verem sakka İmam Hüseyin rahmetullahı, İmam Hasan, Şah Hüseyin.

Biz geçmişiz baştan, hak verenler aşkına, can gözü dembedem hakkı görenler aşkına. Kerbela'da su içmediler.

Can verenler aşkına, gözüm yaşı sebil ettim, İmam Hüseyin aşkına.

Aşk ola içenlere, rahmet gerçeklere, lanet Yezid'e..."

TIRAŞ TERCÜMANI

Tıraş olduk bugün minnet hüdaya
Tevellâmız Muhammed Mustafa'ya
Teberra kılmışız biz hariciye
Esir olduk Aliyyel Murtaza'ya
Tıraş olduk bugün elhamdülillah
Hüdâ'nın birliğine şükürallah

TERCÜMAN-I KURBAN

Bismişah! Allah Allah!

Muhammed Ali'nin hürmeti için bu dergahtan ayırma ey gani Şah. Fermanı Celil, kurbanı Halil, delili Cebrail, tekbiri İsmail. Suphanellezi lâ ilâhe illâ hüve Allahu Ekber, Allahu Ekber Allahu Ekber ve lâ havle ve lâ kuvvete illâ billâhil aliyyül âzim.

TESLİM TERCÜMANI

Bismişah! Allah Allah!

Erenler erkânı oldu imanım. Kalmadı gönlümde şekki gümanım. Takıp teslimi oldum Hakk'a teslim. Erenler hizmetinde tektir canım. Ber Cemal Muhammed Kemal-i Hasan Hüseyin Bülend ra salavat.

SANA SIĞINDIM

Beni bu sevdaya düşüren sensin
Aloğlu Şah Abbas sana sığındım
Dalgamı boyumdan aşıran sensin
Aloğlu Şah Abbas sana sığındım

Hem eşimi hem dostumu sen güldür
Düşkünün elini tut da sen kaldır
Benim ehvalımı o Şah'a bildir
Aloğlu Şah Abbas sana sığındım

Deryada ovada dağda dumanda
Mağrıp'ta, Maşruk'ta, Hint'te, Yemen'de
Bir ümidim sende koyma gümanda
Aloğlu Şah Abbas sana sığındım

Medet mürvet sen efendim ağlatma
Ciğerimi aşktan başka dağlatma
Yaremi sen bağla yad'a bağlatma
Aloğlu Şah Abbas sana sığındım

ŞAH HATAYİ'm gelmiş mürvete başlar
Bir mürvete yüz bin kanı bağışlar
Sen kendi şanına düşeni işle
Aloğlu Şah Abbas sana sığındım

REHBER TERCEMANI I

Bismişah! Allah Allah!
Hudâ hakkı kabûl et hizmetim ey Şah...
Bi-hakk-ı Al-i abâ Al-i dergâh...
Hüseyn-i Kerbela nûr hakkıyçün
Bu hizmetten ayırma ey gani Şah...
Erenlerimden haklı hayırlı himmet, Şey'en lillah...
Hû Dost, Allah eyvallah!..

REHBER GÜLBANGI II

Bismişah! Allah Allah!
Secde-i niyazınız, hizmetiniz kabul ola.
Hakk'ın dergâhına yazıla.
Er Hak Muhamamed Ali, On İki İmam, On Dört Masumu Pâk
Efendilerimiz yâr ve yâveriniz ola.
Kuvvet-i kerâmet, Himmet-i hüsn-ü nazar eyleye.
Hak erenler şaşırtıp düşürmeye.
Merdi, nâmerde muhtaç etmeye.
Dünyevi muradların, uhrevi maksudun hâsıl ve müyesser ola.
Kerem-i evliyâ, dem-i Hazreti Hünkâr Hacı Bektaş Veli, gerçeğe Hû...

REHBER TERCEMANI III

"Bismişah! Allah... Allah!..

Eli erde, yüzü yerde, özü dar-ı Mansur'da. Hak Muhammed-Ali yolunda, Erenler meydanı, Pir divanında, canı kurban, teni terceman, On İki İmam ve On Dört Masumu Pâk Efendilerimizin dostlarına dost, düşmanlarına düşman olmak kavli ile; Hak erenlerin nasihatını kabul, müktezasiyle amel etmek üzere yalın ayak yüzü üzre sürünerek gelmiş. (...görgüye gelenlerin baba ve kendi adları) âyini cem erenlerinin izni icazetiyle Muhammed-Ali yoluna, Seyyid Muhammed Hünkâr Hacı Bektaş Veli Tarik-i Nâzenine dahil olmak üzere koç kuzu kurbanlarıyla gelmişler. Hakk'ı görmüş, râh-ı Hak bilmiş, Nesimi gibi yüzülüp, Mânsur gibi asılıp, Fazlı gibi borçtan halas olmak dilerler. Himmet-i Pir niyaz ederler. Allah eyvallah.

ALLAH EYVALLAH PİRİM...

Meydanına gelmişim
Allah eyvallah pirim
Ben yolun yanılmışım
Allah eyvallah pirim

Mailim yapısına
Erenler kapısına
Ben yolumca yoldayım
Allah eyvallah pirim

Günahım çok dildeyim
Teslim oldum eldeyim
Ben yolumca yoldayım
Allah eyvallah pirim

Çünkü Hakk'a varacam
Hak cemalin görecem
Sorgu, sual verecem
Allah eyvallah pirim

Gelsin, küsmüş var ise
Kem söz geçmiş var ise
Bir incinmiş var ise
Allah eyvallah pirim

Ey efendim, penahım
Sen mürvet eyle Şahım
Taşra koydum günahım
Allah eyvallah pirim

Genci Abdal biçare
Baş eğmiştir bu dare
Meded kıl günahkâre
Allah eyvallah pirim

REHBER TERCEMANI IV (Talip)

Bismişah! Allah Allah!
Çok şükür gördüm erenlerden bugün meydanı-fahr
Bulmuşum tac-ı sa'âdet, menzil-i erkân-ı fahr
Sıdk ile aldım ele tâcım derunum sâf idüp
Onarım kılsın şefâ'at sâhib-i Meydan-ı fahrı
Ber-Cemâl-i Muhammed... Ali ...

TARİKAT TELKİNİ I

"Bismişah! Allah Allah!

Evlatlarım önünüzde kış var, aşılmaz yüksek dağlar var. Geçitsiz ırmaklar var. Bu belleri aşamazsınız. Bu selleri geçemezsiniz. Çok büyük engeller var. Çok zor ortam var. Demirden leblebidir, yenilmez. Oddan gömlektir giyilmez. Gelme gelme, gelirsen dönme. Gelenin malı gider, dönenin canı gider. Öl ama ikrar verme. O ikrarından dönme. Hal böyledir. Bu halleri ben size demiş ve buyurmuş olayım evladım."

"Nefsinize uymayın, yolunuzdan azmayın. Çiğ lokma yemeyin, malı mala, canı cana katın.

Halinize hakdeş, yolunuza yoldaş olun."

TARİKAT NASİHATI II

Bismişah! Allah Allah!

Rehberini, Pirini, Mürşid'i ve Musahibini Hak bil. Onların nasihatlerini tut, gösterdiği yolda yürü. Ananı, atanı, yakınlarını incitme. Büyüklere hürmet, küçüklere izzet ve yandaşlarına muavenet ile muamele eyle. Yaptıklarının karşılığını Cenabı Allah sana verecektir.

Milletine, devletine hizmet eyle. Haksızlığa boyun eğme. Hakkk'ı hukuka riayet eyle. Tevhid'i, Adl'i, Nübüvvet'i, İmamet'i ve mead'ı unutma. Allah yardımcın, Pir yol göstericin olsun. Erkânın mübarek kademin uğurlu olsun.

BENİM GEL GEÇ GÜNAHIMDAN

Hüdaya Mustafa hakkı
Benim gel geç günahımdan
Aliyyül Murtaza hakkı
Benim gel geç günahımdan

Hatice Fatıma hakkı
Hasan Hulkuriza hakkı
Hüseyn-i Kerbela hakkı
Benim gel geç günahımdan

Ali Zeynel-abâ hakkı
Muhammed Bâkır'ın hakkı
İmam-ı Ca'fer'in hakkı
Benim gel geç günahımdan

Musa'yı Kazım'ın hakkı
Ali Musa Rıza hakkı
Taki vü be-Naki hakkı
Benim gel geç günahımdan

İmam-ı Asker-i hakkı
Muhammed Mehdi'nin hakkı
Çahardeh ma'sumun hakkı
Benim gel geç günahımdan

İlahi evliya hakkı
İlahi enbiya hakkı
Bu bir nur-ı beka hakkı
Benim gel geç günahımdan

İlahi esfiya hakkı
İlahi etkıya hakkı
Virani'nin geda hakkı
Benim gel geç günahımda

TARİKAT SORUSU I

"Bismişah! Allah Allah!

Mürşid, Pir, Rehber hak mı? Komşu hakkı hak mı? İkrar imam müsahip hak mı? Üç sünnet yedi farz hak mı? On iki erkân, on yedi kemerbest hak mı? Dört kapı, kırk makam hak mı? Kırk sekiz cuma, yetmiş iki farz hak mı?"

TARİKAT SORUSU II (Talip)

"Bismişah! Allah Allah!

İlahi Ya Rab, eğer elimden ve dilimden ve gözümden el-farzı küfür sadır olduysa ben onları bir daha işlememesine tövbe ettim. (Burada Pir sorar) "Pir önünde ikrar olsun mu? Eğer, bu günahı işlersen Pir dergahından Muhammed Ali'nin şefaatinden dur olasın mı? Yezid ile bile haşr olmasına lâyık olasın mı?" (Talip) "Olayım." (Pir sorar) "Ve bu ikrardan dönmemesine yanımızdaki taşlar, hıfz melekleri, malikil mülk Allah, şahit olsun mu? (Talip) "Olsun."

TARİKAT TELKİNİ III

"Bismişah! Allah Allah!

Yalan söyleme, haram yeme, zina ve levata etme, elinle koymadığını alma, gözünle gördüğüne "gördüm" deme, işittiğini söyleme, emanete hiyanetlik etme, ölçü ve tartıda hile yapma, yetim hakkına el sürme, kimsenin sınırına tecavüz etme, kim-seye iftira etme, yalan yere yemin etme, yalan yere şahidlik etme, kimseyle alay etme, kimseyi aleyhde çekiştirme, adam öldürme, memleketine ve milletine hainlik etme, cemiyete faydalı olmaya çalış, böylece Allah, Muhammed, Ali, On İki İmam hanedanı Ehl-i Beyt'ine ikrar iman ettin mi?"

"Kaza ve kadere, kazaya razı ve kadere bağlandın mı? Bunun ikisini bir bilip gece gündüz gönlünde Allah-Muhammed-Ali'yi Mürşidin vasıtasıyla bir bildin mi?"

"Hak dediğimizi Hak bilip, batıl dediğimizi batıl bildin mi? Sureta Hakk'dan görünüp münafıkın olan kimsenin sözüne aldanıp yolundan dönersen ruzi mahşerde yüzün kara olsun mu?

"Tarikatı Naciyeden olup İmam Cafer Sadık'ın içtihadı üzere Hak bilip batıl dediğimize batıl dedin mi? Rehberin Hazreti Ali, Mürşidin Hazreti Muhammed'i Hak bildin mi?"

"Hazreti Muhammed'in sevdiğini sevip, tevella edip sevmediğini sevmeyip, teberra ettin mi? Eğer bu ikrardan dönersen ruzi mahşerde yüzün kara olsun mu?"

TARİKAT TELKİNİ IV

"Bismişah! Allah Allah!

Bu meydan Ali meydanıdır. Bu meydan girenin başı top, gerdanı kurban gerekir."

"Hazreti İsmail kadar canım kurban ve Mansur kadar darım hazır, Nesimi kadar postum arkamda ve Fazlı kadar hançer göbeğimde ve bu dergahtan ebedi dönmekliğim yoktur."

"Cesedimi zahirine canımı batınına verdim. Sana talip oldum. Malım nefsine başım meydanına verdim. Sana mürif oldum, el benim etek senin."

KALMA YÂ ALİ

Hak Muhammed Ali geldi dilime
Mürvet günahıma kalma yâ Ali
Külli günahımı aldım elime
Mürvet günahıma kalma yâ Ali

Hatice Fatıma mihr-i muhabbet
Yine senden olur kuluna rahmet
İmam Hasan İmam Hüseyin mürvet
Mürvet günahıma kalma yâ Ali

İmam Zeynel Abidin'e erelim
İmamların divânına duralım
Doksan bin erlere niyaz edelim
Mürvet günahıma kalma yâ Ali

İmam Bâkır imamların süruru
İmam Ca'fer idi didemin nuru
Dilerim çektirmeye âh ü zârı
Mürvet günahıma kalma yâ Ali

Musa-i Kâzım'dan İmam-ı Rıza
Umarım inâyet edesin bize
Günahım çok benim deyeyim size
Mürvet günahıma kalma yâ Ali

İmam Taki İmam Naki'dir virdim
Anlara sığındım dayandım durdum
Hasan-ül Asker'e yüzümü sürdüm
Mürvet günahıma kalma yâ Ali

Pir Sultan'ım tamam oldu sözümüz
Muhammed Mehdi'ye var niyazımız
On İki İmama bağlı özümüz
Mürvet günahıma kalma yâ Ali

MİRAÇLAMA

Geldi Cebrail çağırdı
Hak Muhammed Mustafa
Hak seni Miraç'a okur
Davetine kadir Hüdâ

Evvel emanetim budur
Bir pîr-ü rehber tutasın
Daimi erkâna yatıp
Tarîk ile müstakîme

Muhammed sükuta vardı
Yoktur senden bir aziz
Şimdi senden el tutalım
Hak buyurdu vedduha

Muhammed belin bağladı
Anda hazır Cebrail
İki gönül bir ettiler
Yürüdüler Dergâha

Vardı Dergâh kapısına
Gördü aslan yatar orda
Aslan anda hamle kıldı
Başa da koptu bir fena

Buyurdu sırr-ı kâinat
Korkmasın Habibim dedi
Hatemi ağzına versin
Aslan istiyor nişane

Hatemi ağzına verdi
Aslan oldu anda sakin
Muhammed'e yol verildi
Aslan da gitti nihane

Vardı Hakk'ı tavaf etti
Evvela bunu söyledi
Ne çetin şîrin var imiş
Hayli cevreyledi bize

Gördü bir biçare derviş
Hemendem yutmak diledi
Ali bile olayıdı
Dayanırdı bu cevre

Ey benim sırr-ı devletim
Sana tabidir Habibim
Eğiliben secde kıldı
Eşiğine kıblegâh'a

Doksan bin kelam danıştı
İki gönül dost dostuna
Tevhid'i armağan verdi
Yeryüzünde insana

Kuduretten üç hon geldi
Sütü elma baldan aldı
Muhammed destini sundu
Nuş eyledi emrullaha

Muhammed ayağa durdu
Ümmetini diledi
Cümlesine rahmet olsun
Dedi ağladı Kibriya

Eğiliben secde kıldı
Hoşça kal sultanım dedi
Kalkıp evine giderken
Yolun uğrattı Kırklara

Vardı Kırklar makamına
Oturuben oldu sâkin
Eğiliben secde kıldı
Eşiğine kıblegâh'a

Secdeye indirdi özün
Türablara sürdü yüzün
Cebrail getirdi üzüm
Hasan ile Hüseyin'e

Anda Selman hazır idi
Şeydullahını diledi
Bir üzüm tanesi koydu
Selman'ın da keşkülüne

Kuduretten bir el geldi
Ezüben engür eyledi
Hatemi ol elde gördü
Uğradı bir müşkül hale

Canım size kimler derler
Şahım bize Kırklar derler
Cümleden ulu yolumuz
Eldedir küllü varımız

Birimize neşter vursan
Bir yere akar kanımız
Cümleden ulu yolumuz
Eldedir küllü varımız

Madem size Kırklar derler
Nedendir eksik bitiniz
Selman şeydullah'a gitti
Ondandır eksik birimiz

Selman Şeydullah'dan geldi
Hû deyip içeri girdi
Muhammed esredi coştu
Tacı başından da düştü

Ol şerbetten biri içti
Cümlesi oldu hayran
Mümin müslim üryan büryan
Hep girdiler semaha

Cümlesi de el çırpuben
Dediler Allah Allah
Muhammed de bile girdi
Kırklar ile semaha

Muhammed de coşa geldi
Tacı başından attı
Çevresin kırk pare bölüp
Sarıldılar Kırklara

Muhabbet de galip oldu
Yol-erkân yerini aldı
Muhammed'i gönderdiler
Hatırlar oldu sefa

Muhammed evine gitti
Ali Hakk'ı tavaf etti
Hatemi önüne koydu
Dedi saddaksın Mürteza

Evveli sen âhiri sen
Bâtını sen zâhiri sen
Cümle işler sana bağlı
Dedi Şah-ı Evliya

ŞAH HATAYİ'm vâkıf oldu
Bu sırrın ötesine
Hakk'ı inandıramadı
Özü çürük ervaha

SEMAHCILARA DUA

"Bismişah! Allah Allah.

Dar'lar divanlar nur ola, gönüller bir ola.

Semahlar saf ola, günahlar af ola.

Seyir için olmaya, Hakk için ola.

Kırklar Cemi'ndeki semahın katarına kayıt ola.

Hizmetiniz boşa gitmesin, hizmetinizde şefaat bulasınız. Hakk-Muhammed-Ali dilde dileğinizi, gönülde muradınızı versin.

Dil bizden, yardım pirden olsun.

Gerçeğe Hûû, mümine ya Ali."

YAKARIŞ DÜVAZDE İMAM

Dü cihanda derde derman sendedir
Yetiş Allah, Ya Muhammed, Ya Ali
Mümin, müslim bütün derdi kamdadır
Yetiş Allah, Ya Muhammed, Ya Ali

Ağlar gökyüzünün mah ile mührü
Feryad ile doldu iklimi dehri
Şah İmam Hasan'a verdiler zehri
Yetiş Allah, Ya Muhammed, Ya Ali

Yezit'ler de biraraya geldiler
Ehlibeyt'i ara yere aldılar
O İmam Hüseyin'e buğuz kıldılar
Yetiş Allah, Ya Muhammed, Ya Ali

İmam Zeynel Abidin'i bastılar
Şühedanın başlarını kestiler
Gidip Dımışkı'ya esir ettiler
Yetiş Allah, Ya Muhammed, Ya Ali

Tutmadılar Resulullah sözünü
Esir etti gelini hem kızını
Ali evladı Hakk'a tuttu yüzünü
Yetiş Allah, Ya Muhammed, Ya Ali

İmam Bakır İmam Cafer hakküçin
İmam Musa Kâzım Rıza hakküçin
Şah Taki'nin ya Naki'nin hakküçin
Yetiş Allah, Ya Muhammed, Ya Ali

Askeri, Mehdi'dir o sahip zaman
Gelince kurulur bir ulu divan
Çağır hey **İlhami** zaman bu zaman
Yetiş Allah, Ya Muhammed, Ya Ali

TOPLU HİZMET SAHİPLERİNE VERİLEN DUA

"Bismişah! Allah, Allah!..

Gönlü serde, özü dar'da, yüzü yerde...

Muhammed-Ali'nin tevella, teberrasına inanarak, hizmet için bu irfan meydanına gelen canların, yerleri, gökleri var eden yüce Allah, dilden dileklerini, gönülden muratlarını versin.

Dileklerinizi Hakk-Muhammed-Ali versin...

Emekleriniz boşa gitmesin. Erenlerin aydın yüzlerine aşk olsun.

Onsekizbin alemle birlikte, cümle mümin kardeşlerimizi Hakk-Muhammed-Ali yolundan mahrum eylemesin!..

Görünür, görünmez kazadan beladan korusun.

Hizmetini gördüğünüz pirlerin himmetleri üzerinizde olsun.

Bozatlı Hızır cümlenizin yardımcısı olsun, saklasın, beklesin.

Sizler bu toplumun ibadetini hizmetini ediyorsunuz; Hakk-Muhammed-Ali de sizlere yardımcı olsun.

Bu cemde, bu erkânda olanları Ehlibeyt'in katarından didarından ayırmasın.

Geldiğiniz yerden, durduğunuz dar'dan iyilikler göresiniz.

Dil bizden, himmet Hakk'tan, yardım pirden ola.

Gerçeğe Hûû, mümine ya Ali!.."

ANIN KATARINDAN AYIRMA BİZİ

Seher vakti Şah kervanı gidiyor
Anın katarından ayırma bizi
Kanber'i önünce katar yediyor
Anın katarından ayırma bizi

Muhammed Ali'dir cihan evveli
Bir Arap geliyor eli develi
Rum'u irşad eden Bektaş-ı Veli
Anın katarından ayırma bizi

Gül kokusu Muhammed'in teridir
Ah ettikçe karlı dağlar eritir
Hatice, Fatıma Hakk'ın yaridir
Anın katarından ayırma bizi

Cebrail de kanadını açınca
Rahmet suyun yeryüzüne saçınca
Hasan Hüseyin cü'rasından içince
Anın katarından ayırma bizi

İmam Zeynel bekler zindan içini
Umarım bağışlar mücrim suçunu
Bakır Cafer yüklettiler göçünü
Anın katarından ayırma bizi

Kâzım Musa Rıza Hakk'ın nurudur
Taki Naki Asker Mehdi sırrıdır
Selman'ın yedinde deste gülüdür
Anın katarından ayırma bizi

Kul Himmet'im eyder Mehdi nicoldu
On İki İmamların tahtı yücoldu
Pir'in eşiğine giden hac'oldu
Anın katarından ayırma bizi

TEKBİRİ TAC

Bismişah! Allah Allah!

Sırrı Şah-ı Veli, hanedanı Muhammed Ali.

Tacül arifiyn Hazreti Hünkâr Hacı Bektaş Veli.

Küllü Şey'in halikün illa vechehü lehül hükmü ve ileyhi turceun.

Allahü lâ ilahe illa hüvel hayyül kayyum.

Tekbiri Hünkâr Hacı Bektaş Veli

Allahu ekber Allahu ekber. Allahu ekber ve lillâhil hamd.

TAC DUASI

Bismişah! Allah Allah!

Sırr-ı Hakk-ı Hanedan-ı Muhammed Ali. Tac-ül Arifin, Gavs-ül-vâsılin, heykel-i nûrani, kutb-u Rahmani, Hazret-i Pir Hünkâr Hacı Bektaş Veli-yy-ül-Horasani-yyün-Nişaburi.

Azamet-i Hudâ ra. Lâ fetâ illâ Ali lâ seyf-e illâ Zülfikar.. Allahu ekber, Allahu ekber, Lâ ilâh-e illallah, Ve-Allah-ü ekber ve lillâh-il hamd. Havâlet yâ Şah İmam Rıza. Hû Dost...

ZİKREDELİM ŞAH-I MERDAN ALİ'Yİ

Vücudum şehrinde delil yandırdım
Hurili gılmnlı mihman kodurdum
Ben ahvali yaradana bildirdim
Zikredelim Şah-ı Merdan Ali'yi

İmam hasan ile Hüseyne vardım
Ayağım üstüne divana durdum
Evvel Allah birdir semaha girdim
Zikredelim Şah-ı Merdan Ali'yi

İmam Zeynel Bakır onun yolunda
Cafer-ı Sadık'ın erkân elinde
Şah'ım Rıza mihman oldu şarımda
Zikredelim Şah-ı Merdan Ali'yi

Kâzım Musa taki Naki'ye erdim
Hasan askeri'ye yüzümü sürdüm
Muhammed Mehdiye car deyi geldim
Zikredelim Şah-ı Merdan Ali'yi

Derviş Muhammed'im bir dilden öter
Çekilir Kenan'dan gidiyor katar
Cebrail kanadın üstüne tutar
Zikredelim Şah-ı Merdan Ali'yi

FARZDIR MUSAHİB

Eğer farz içinde farzı sorarsan
Yine farz içinde farzdır musahib
Dört kapıdan kırk makamdan ararsan
Yine farz içinde farzdır musahib

Musahibsiz kişi ceme gelir mi?
Ettiği niyazlar kabul olur mu?
Muhammed Ali'den derman bulur mu?
Yine farz içinde farzdır musahib

Musahipsizleri ceme götürmen
Tecellisi bozuk Hakk'a yetirmen
Musahibsiz ile durup oturman
Yine farz içinde farzdır musahib

Farz Allah'tan kaldı ya sünnet kimden?
Musahibin işi daima sırdan
Musahibli kişi ol Şah-ı Merdan
Yine farz içinde farzdır musahib

Pir Sultan Abdal'ım ey kerem kânı
Yine sensin iki cihan sultanı
Aşnanı buldun mu musahibin hanı?
Yine farz içinde farzdır musahib

MUSAHİBLİK GÜLBANGI I

"Bismişah! Allah Allah...

Yüzüm yerde özüm darda. Dar-ı Mansur'da ellerim gani dergahında. Erenlerden hak hayırlısı Şey'en ederim. Allah... Eyvallah, Hû dost."

MUSAHİBLİK GÜLBANGI II

Bismişah! Allah Allah!

Allahü Ekber Allahü Ekber velillahi vallahü ekber. Allah Allah, ikrarınız mübarek ola, ahdiniz daim ola, muradınız hasıl ola, imanınız kavi ola, muhabbetiniz gür ola, soyunuz hayırlı ola, her iki cihanda yüzleriniz ak, ruhlarınız pâk ola, yaramaz işlerden münafık şerrinden Cenabı Allah koruyucunuz ola, yo-lunuzu yolsuza düşürmeye.

Hak erenlerin darından didarından, On İki İmam Efendilerimizin katarından ayırmaya, Resulü Kibriya'nın ahı evliyanın şefaatlarına nail eyleye. Hak erenlerin himmetleri ve duaları üzerinizde sâyeban ola.

Resulü Kibriya'ya, Şah-ı Evliya'ya, Ehl-i Beyt'i temiz soyun salavat, Allah eyvallah Hû.

HAKTIR MUSAHİB

Eğer insanlığın sırrın sorarsan
Cümle varlıklardan haktır Musahib
Vahdet-i vücuda kapı ararsan
Cümle varlıklardan haktır Musahib

Orası dar kapı yükle geçilmez
Gönül bir olmadan kapı açılmaz
Dört gönülde birdir ayrı seçilmez
Cümle varlıklardan haktır Musahib

Muhammed Ali'den gelir bize yol
Musahibsiz kişi olur mu kabul?
Enfal suresi son dört ayeti bul
Cümle varlıklardan haktır Musahib

Musahib'dir Ali ile Muhammed
Kanım canım ruhum bir dedi Ahmet
Kur'an'da alenen zikreder ayet
Cümle varlıklardan haktır Musahib

Ali Muhammed'dir bunun örneği
Her can bilmez çünkü yoktur derneği
Hakk'a giden yolun budur gereği
Cümle varlıklardan haktır Musahib

Enfal suresinde Tanrı ne söyler?
Birisinin malı ikinin derler
Sondan dört ayeti bak beyan eyler
Cümle varlıklardan haktır Musahib

Adil Ali, başımıza darısı
Musahibler bir elmanın yarısı
Her varlıkta birbirinin varisi
Cümle varlıklardan haktır Musahib

SAKKACI TERCEMANI

Geçmişiz biz canü baştan erenler aşkına
Selamullah Ya Hüseyin, Selamullah Ya Hüseyin.

Can gözüyle dem be dem Hakk'ı görenler aşkına
Selamullah Ya Hüseyin, Selamullah Ya Hüseyin.

Kerbela deşt-i gâmından can verenler aşkına
Selamullah Ya Hüseyin, Selamullah Ya Hüseyin.

Gözüm yaşın sebil ettim Şah-ı Şehidan aşkına
Selamullah Ya Hüseyin, Selamullah Ya Hüseyin.

KARDEŞLİK

"Allah Muhammed Ali ve onun on bir evladına hakbir demekle müminler şeriat, tarikat ve marifet kardeşidirler. Ama hakkı insanda, insanı hakda gören; ehl-i hak ile insan-ı kâmil nazarında muhabbet eden hakikat kardeş olur!.."

ALDIM

İkrar verdim, dönmem ezel deminden
Verdiğim ikrarı imandan aldım
Başka seyran gördüm kendi özümde
Muhabbeti mi ben seyrandan aldım

Ateş, rüzgar, su, topraktan halk oldum
Kendi kendim ana rahminde buldum
Müddet tamam oldu dünyaya geldim
Bu ibret aynasın cihandan aldım

Can gözüm cihandan açıla düştü
İkilik perdesin terkettim düştü
Kudret hazinesi seçilip düştü
Lâl ile gevheri mercandan aldım

Bu bir gizli sırdır her can duyamaz
Aşk ehlinin gittiğine uyamaz
Meşhur cevahirci kıymet koyamaz
Bulunmaz incidir deryadan aldım

Hakikat yolunda gör savaşımı
Akıttım gözümden kanlı yaşımı
Pirler meydanına koydum başımı
Usul ve erkânı pirandan aldım

Bildiğim unuttum eylerim feryat
Derdim bu dil durmaz ister hep imdat
Sonradan hem talim etti bir üstad
Dersimi mektebi irfandan aldım

Gel düşünme akla sığmaz bu ilim
Ararken dergâha uğradı yolum
Kudret hazinesi anahtar dilim
Bilmeyen zanneder dükkandan aldım

Çalış bu girdabın çık karşısına
Derman gizleniptir dert arasına
Merhem sararlarmış aşk yarasına
Bu ilmi hikmeti lokmandan aldım

Ümmet olan bulur ödden necatı
Budur müminlerin elde beratı
Miraç'tan indirdi savmu salavatı
Hak budur hazreti sultandan aldım

Şeriat sancağı geldi dikildi
Marifet yolunda terler döküldü
Hayır dua oldu sohbet görüldü
İcazet verdiler meydandan aldım

Musa'ya tecelli göründü Tur'da
Mest olup aklını şaşırdı nurda
(Enelhak) sırrını gördü Mansur'da
Hakikat kemendin irfandan aldım

Gerçi hatâ bende kusurum çoktur
Kalbimde benlikten hiç eser yoktur
Zebur, Tevrat, İncil, Kur'an hep haktır
Lezzeti ayeti Kur'an'dan aldım

Dünyadan el çektim hakladır işim
Gözlerimden dökülmekte kan yaşım
Sizlere hediye eldedir başım
Ben yeşil yaprağı Selman'dan aldım

Âlem baştan başa bir seyrangâhtır
Gir gönül şehrine gör ne dergâhtır
Bu bir gizli sırdır kudretullahtır
Yazılmış defteri divandan aldım

Hakikat bağına geç de seyir kıl
İzinsiz bir şeye sunma edep kıl
Can gözünü aç da bir kez nazar kıl
Öğüdü şifayı irfandan aldım

Nefse uyan kişi gör uslandı mı
Uyandım gafletten vurdum nefsimi
Evvel Hakk'a teslim ettim özümü
Sonra kendi kendim ben andan aldım

Kâmiller destursuz bir şey sunmadı
Kurban için gelen geri dönmedi
Etim yenip kemiklerim sınmadı
Vücudum pişirip püryandan aldım

Hak birdir sözüme hile katmazam
Her yerde bu sırrı ayan etmezem
Kıymeti bilinmez yerde satmazam
Ben bu nasihatı bir candan aldım

(Cümbüş) der utandım kendi sözümden
Mest olup toprağa düştüm özümden
Kanlı yaş akıttım iki gözümden
Hikmeti mevlâyı giryandan aldım

İKRAR GÜLBANGI

"Bismişah! Allah Allah!

İkrarları kadim ola! Muratları hasıl ola! Verdiği ikrardan dönmeyeler! Birbirlerinden usanmayalar! Ruz-u mahşerde oda yanmayalar! Dünyada melanet, ahirette delalet görmeyeler! Şeytanın izine, münafığın sözüne uymayalar! Allah Muhamamed Ali gönlünüzü gümandan, başınızı dumandan halas eyleye! On İki İmam katarından didarından ayırmaya! Hünkâr Hacı Bektaş Veli yardımcıları ola! Gerçekler demine Hû."

YOLA GİRİŞ

"Bismişah! Allah Allah!

Ayn-i cem kardeşleri! Bunlar Hak huzuruna, pir divanına geliyorlar. Yolumuza girmeye heves etmişler. Buyruğunun, erkânının, tarikatının hepsinin yükümlerini yüklenmeyi temin ediyorlar. Buyurun bu canları kabul eder misiniz? Bekâr gelmez evli gelir."

"Bizim huyumuzla huylanır, yolumuzla yollanırsa biz onları kabul ederiz, niye etmeyeceğiz? İkrar verir orada cemaatla görüşür, niyazlaşır."

TARIK TERCEMANI

"Bismişah! Allah Allah!

Göz görenin, yol varanın! Yola giden yorulmaz, gerçek gediğinden ayrılmaz! Hal erenler halıdır, yol erenler yoludur! Gafil durman gaziler, gelen üstad elidir. Üstad-ı tarikat, izni Halife, icazet Pirden! Allah eyvallah! Yolunuz kademli, konunuz kutlu, yardımcınız Hünk:âr Hacı Bektaş Veli olsun! Tarık altından geçene, Şah dolusunu içene sorgu-sual olmaya. Allah Allah, eyvallah, Hû!.."

MUHAMMED DOĞDUĞU GECE

Alemler nura gark oldu, Muhammed doğduğu gece
Mümin münafık fark oldu, Muhammed doğduğu gece

Arşın nuru yere indi, suyun rengi nura döndü
Hep susuzlar suya kandı, Muhammed doğduğu gece

Ağlayan oğlan avundu, doğuran ana sevindi
Nice küffar dine döndü, Muhammed doğduğu gece

Ananın rahmine düştü, küffarların aklı şaştı
Bin kilise yere geçti, Muhammed doğduğu gece

Huri kızları geldiler, kundağın bile sardılar
Muhammed'e yüz sürdüler, Muhammed doğduğu gece

Yerden göğe nur balkıdı, Yediler Kırklar kalkıdı
Keşişler dili tutuldu, Muhammed doğduğu gece

Yunus eydür ey kardeşler, akar gözden kanlı yaşlar
Secde eder dağlar taşlar, Muhammed doğduğu gece

ELHAMDÜLİLLÂH

Muradlar verici ol Gani Settar
Verdi muradımı elhamdülillâh
Ali Muhammed'dir Muhammed Ali
Gördüm bir elmadır elhamdülillâh

Ali Muhammed'dir Muhammed Ali
Anlar kurdu doğru erkânı yolu
Tarikat ilmidir ma'rifet gülü
Erdim hakikate elhamdülillâh

Tarikat de ma'rifete yâr oldu
Yedi kudret deryası da sır oldu
Cebrail rehberdir Ali pir oldu
Erdim hakikate elhamdülillâh

Şeriati dahi yeni yaptılar
Yetmiş iki millet ana taptılar
Bir kale var yetmiş üçe yaptılar
Kerpiçi nurdandır elhamdülillâh

Ol kaleye giremedi lâdenler
İmamlar nesline buğuz edenler
Dünyada eliyle ağu yudanlar
Anlar didar görmez vallah-i billah

Arşullahda yedi kapı açıldı
Hakk'ın rahmeti kullara saçıldı
Mü'minlere hulle donu biçildi
Giydim libâsından elhamdülillâh

Fakir Ednâ'm bu manayı seçmeli
Üstadım Hatayi konub göçmeli
Âşık olan bu doludan içmeli
Kandım cür'asından elhamdülillâh

ŞERBETÇİ (SAKKACI) DUASI

Bismişah! Allah Allah!

Sad hazaran lânet olsun ey münafık canına.
Ben demedim Hak buyurdu bunu senin şanına.

Ümmetliyim dersin salavat verirsin Peygambere

Ali'ye şekkin var ne amel ahdine peymanına

Elli kerre Hacca varsan tevafın olmaz kabul.
Arafat'a çıkarsın da kelp düşer kurbanına.

Ali Hazretinden adaveti kesmedin.
Şefaatı kimden uman cürmüne isyanına.

Ey azazil ahseni takvimi inkâr eyledin.
Yuf senin çürük geçmiş ol fasit imanına.

Gel **Sultan Hatayi**'m sen bu sırrı söylegil.
Şah bir keremkânıdır kalmaya cümlenin isyanına.

Lâ fetâ illa Ali la seyfe illâ Zülfikar.

SAKKACI (ŞERBETÇİ) SELAMNAME

Selamullah alâ İmam Hüseyin.. Ve âl-i İmam Hüseyin..
Evlâd-ı İmam Hüseyin.. Rahmetullah İmam Hüseyin..

Lûtfuna muhtacız eyle ihsan ya Hüseyin
Derdimize senden derman eyle ya Hüseyin

Gayri'ye muhtaç kılma âşıkân'ı el'aman
Sen medet kıl bizlere her vakıt ya Hüseyin

Sad hezaren lânet olsun ol gurûh'u delâl'e
Nakz-ı ahd ile şehid kıldılar anlar seni ya Hüseyin

İsm-i Pâkin aşkı için zikredeni koyma zulmette hergiz
Bermurad et dide-i giryan ile ağlayanı ya Hüseyin

İznin ile su taşırdım aşkına vermek için
Aşkınla içenlere kıl âb-ı hayat ya Hüseyin

Seni şehid edenin lanet olsun ervahına
Cennet yüzü görmesin dileğimiz ya Hüseyin

SANA SIĞINDIM

Muhammed Mustafa ey Şah-ı Merdan
Aliyyel'Mürteza sana sığındım
Hatice, Fatıma, Hasan, Müçteba
Hüseyn-i Kerbela sana sığındım

İmam Zeynel ile Muhammed Bakır
Cennet bahçesinde bülbüller şakır
Cafer-i Sadık'a erdik çok şükür
Kâzım, Musa, Rıza sana sığındım

Muhammed Taki'ye verdim salavat
Aliyyül Naki'den isteriz imdat
Hasan-ül Askeri el'aman mürvet
Mehdi sahip zaman sana sığındım

On Dört Masum-i Pâk, Güruh-i Naci
On Yedi Kemerbest, derdin ilacı
Pirim Hacı Bektaş serimin tacı
Hünkâr-ı Evliya sana sığındım

Virdi Derviş senin kulun kurbanın
Yarın arasatta ulu divanın
Senin müminlere çoktur ihsanın
Pirim Süca Baba sana sığındım

SAKKACI (ŞERBETÇİ) DUASI

"Bismişah! Allah Allah!

Din Muhammed dinidir. Sallü âla, nazik Cemal kevser suyun verenler aşkına. Şahım Ali hem şehsüvar, hem sakidir hem sakkadır. Kâinatın aynıdır. Kimse bilmez bu sırrı hak bilir perverdigar. Arş yarıldı çıktı Düldül ebr ile hem bile. Ey hava-riç yola gel eyleme Şah'ı inkâr. Çeşm-i bedden saklasın Hak seni. Ol gevher harmanından sen kalıbsın yadigar.

Dediler ki şu cihanın nuru kimdir? Kim ola: Şah Hasan Şah Hüseyin adı kaldı yadigar. Cömertler cömerdi sensin ey Emirül müminin. Cömertler erkânı budur dedi kamber sofrası. Ben Şah'ın mecnunuyum. Şah bana leylâ göründü. Eşiğinde bunca yıl olmuşum tozlu gubar. **Şah Hatayi**'m kande olsam sen bu vasfı söyle gel. Lâ fetâ illha Ali lâ seyfe illâ Zülfikar. Mey olsun içenlere, rahmet geçenlere. Hasan Aliye Hüseyin Veli'ye sadık saf Selman'ı Pâk, Ahmed-i Muhtar, Haydar-ı Kerrar, Kerbela'yı deşti. Derim ya Ali Sakka İmam Hasan İmam Hüseyin.

TALİB'İN İKRARI

"Bismişah! Allah Allah!

Allahü Taala'nın kuluyum. Adem Safiyullah'ın neslindenim. İbrahim Habibullah milletindenim. Dinimiz Din-i İslam, Kitabımız Kur'an. Kıblemiz Kâbe, Muhamamed Aleyhisselam'ın ümmetindenim. Şah-ı Merdan-ı Mürteza Ali'nin bendesiyim. Güruh-i Naci'denim. Allahü Ekber, Allahü Ekber. La ilahe illallahu vallahu ekber. Allahu ekber ve lillahil hamd."

İKRAR GÜLBANGI

"Bismişah! Allah Allah!..

İkrarları kadim ola muradları hasıl ola. Verdiği ikrardan dönmeyeler. Pir divanında utanmayalar. Ruzu mahşerde oda yanmayalar. Dünyada melanet, ahirette delalet görmeyeler. Şeytanın izine münafıkın sözüne uymayalar. Hak Taala gelmiş, gelecek kazalardan emin eyleye, katardan azmaya, cemimizi bozmaya. Divanımızdan taş düşürmeye. Gönlümüze kış düşürmeye.

Gönlümüzü gümandan, başımızı dumandan halas eyleye. Dünyada Kur'an ahirette iman nasib eyleye. Demeden kalkan avrat, buyurmadan tutan evlat nasibeyleye. On İki İmamın katarından ayırmaya. Allah, Muhammed, Ali, Hacı Bektaş Veli gerçeğe Hû.

ŞERBET GÜLBANGI

"Bismişah! Allah Allah!

Şüheda-i Kerbela efendilerimizin ruh-u revanı şâd ve handan ola, şefaatleri cümlemize ve ehl-i muhibbe müyesser ola. Er Hak Muhammed Ali Efendilerimizin hayır himmetleri üzerimize sâyeban ola. Pirimiz Hünkâr Hacı Bektaş Veli destgirimiz ola. Gerçek erenlerin safa nazarları cümlemize ferahlık ve feyizler vere nuriman ola. Demi Pir, keremi evliya bir hakkı seyyid-i Şühedâ İmam Hüseyin demine Hû."

ON İKİ İMAM ALİ ALİ

Dilimde ezber ederim
On İki İmam Ali Ali
Sefillere eyle yardım
On İki İmam Ali Ali

On İki İmam Ali Hakk'tır
Hakk Ali'dir Ali Şah'tır
Ali'nin ihsanı çoktur
On İki İmam Ali Ali

Hasan Hüseyin'in sırrı
Zeynel Abidin'in piri
Bil gabır Bakır'ın nuru
On İki İmam Ali Ali

Cafer'in sevgisi canda
Kâzım Musa Rıza divanda
Şefaat eyleye anda
On İki İmam Ali Ali

Söylenir Taki'nin şanı
Akıyor Naki'nin kanı
Sen düşürdün kaldır beni
On İki İmam Ali Ali

Hasan-ül Asker'den Mehdi
Gelmeye var idi ahdı
Yıkıla Yezit'in tahtı
On İki İmam Ali Ali

Şah Hatayi'm durduk dara
Yüz sürelim Er'e Pir'e
Çağırdığımız yerde gele
On İki İmam Ali Ali

GÖRGÜ DARINDA GÜLBANG

"Bismişah! Allah Allah!

Geldiğiniz yoldan durduğunuz dardan, çağırdığınız pir-den şefaat göresiniz. Cenab-ı Hak, Hünkâr Hacı Bektaş Veli Sultan ikrarınızda ber karar eyleye. Hünkâr Hacı Bektaş Veli Sultan, Allah'a kul Muhammed'e ümmet, Ali'ye talip eyleye. Bu yoldan, bu dardan, bu pirden ayırmaya. Ceddi cemalim yaramaza, uğursuza, pirsize duş getirmeye. Şeytanın şerrinden, gafil gadadan, görünmez beladan koruya. Cenabı Allah hayırlı evlat, hayırlı devlet, gökten hayırlı rahmet, yerden hayırlı bereket nasip eyleye. Darınız, niyazınız kabul ola. Gerçeğin demine Hû."

SEMAH GÜLBANGI 1

"Bismişah! Allah Allah!

Hayır hizmetleriniz kabul, muradlarınız hasıl ola. Dileğinizi Muhamamed Ali vere. Döndüğünüz semahlardan hayır hasenat göresiniz. Ebu Zerr-Gaffari'nin, Hazreti Fatıma'nın hüsn-ü himmeti üzerinizde ola. Aliyyel Murtaza Kırklar seahına kaydede. Gerçeğe Hû."

SEMAH GÜLBANGI 2

"Bismişah! Allah Allah!

Semahlarınız dergâhı-bâride kabul ola.

Miracınız mübarek ola.

Hak Muhamamed Ali Ekberi ümmehât Hatice ve Fatıma analarımız, On iki İmam Efendilerimiz, Pirimiz Gavsul vasilin, Kutbul Arifin Hünkâr Hacı Bektaş Veli, hürmetine yaptığımız ibadetlerimiz makbul ola.

Gittiğiniz semahlar, yapılan zikirler ve cümle hizmetler huzur-u Bâride kabul ola.

Allah cümle kusur ve günahlarımızı bağışlaya.

Doğru yoldan ayırmaya, şeytanın şerrinden, kötünün mekrinden, münafıkın fenalığından koruya.

Kötülere eş etmeye. Bilerek bilmeyerek yaptığımız günahlarımıza geri döndürmeye.

Dirad-ı Ali'den, meşreb-i Hüseyin'den mahrum etmeye.

Semah giden bacı ve kardeşe, hizmet gören Pervane, Miraçlama söyleyen Zakir hizmetlerine karşılık şefaat bulalar.

Dil bizden nefes Hünkâr Hacı Bektaş Veli'den ola.

Demi Pir keremi evliyâ gerçek erenler demine Hû."

ATA SENDEN YÂ ALİ

Küfür ile imanını taşladım
Hatâ benden atâ senden yâ Ali
Ben bilirim günahkâr olduğumu
Hatâ benden atâ senden yâ Ali

Başıma geldi ol gördüğüm düşler
Yaram yürektedir sızılar işler
Kul günah işler de sultan bağışlar
Hatâ benden atâ senden yâ Ali

Tâlib yol içinde olmaz babasız
Harman savrulur mu yelsiz yabasız
Kul hatasız olmaz hata tevbesiz
Hatâ benden atâ senden yâ Ali

Derdim çoktur dermanını etmezdim
Hakk'ı koyub bâtıl dine gitmezdim
Beni yaratmasan günah etmezdim
Hatâ benden atâ senden yâ Ali

Alnımıza yazılmıştır yazılar
Yüreğim başında yaram sızılar
Kul Derviş eder ki gerçek gaziler
Hatâ benden atâ senden yâ Ali

FAKİR VE SEMAH GÜLBANGI

"Bismişah! Allah Allah!

Cümle alemi yaradan nûr-ı Mutlak Ya Allah, Ya Allah, Ya Allah nur-ı Nübüvvet Ya Muhammed, Ya Muhammed, Ya Muhammed...

Nur-ı Velayet Ya Ali, Ya Ali, ya Ali.

Ekber-i Ümmehât Hatice ve Fatıma analarımız, Hasan, Hüseyin, Zeynel, Bakır, Cafer, Musa, Kâzım, Rıza, Taki, Naki, Asker ve Mehdi cümle imameyn, Kutbü'l-Arifin gavs-el vasilin Seyyid Muhammed Hünkâr Hacı Bektaş Veli hürmetine yaptığımız ibadetler, okuduğumuz gülbanglar, döndüğümüz semahlar ve cümle hizmetler huzur-u Bâride kabul ola...

Allah cümle kusur ve günahlarımızı bağışlaya... Doğru yoldan ayırmaya...

Şeytan şerrinden, münafık mekrinden koruya... Kötülere eş etmeye...

Eşimize, dostumuza, komşumuza, çocuklarımıza yeryüzündeki cümle mü'minlerle beraber hayırlı işler, hayırlı ameller, hayırlı düşünceler nasib ve müyesser eyleye.

Didar'ı Ali'den ve meşreb-i Hüseyin'den mahrum et meye...Bilerek bilmeyerek yaptığımız günahlara geri döndürmeye...

Semah yapan bacı ve kardeş, miraçlama söyleyen zakirler hizmetlerinin pirinden şefaat bulalar. Dil bizden nefes Hünkâr Hacı Bektaş Veli'den ola...

Nûr-ı Nebi Kerem-i Ali, gülbang-ı Muhammed Hünkâr Hacı Bektaş Veli, demi Pir, Kerem-i Evliyâ gerçek erenler de-mine Hû."

ZÜLFİKAR DUASI

Bismişah! Allah Allah!

Y2üzün ak ola, istediğin fethola, Allah Muhammed Ali, On İki İmam, On Dört Ma'sum-i Pâk Efendilerimiz yâr ve yâveri ola. Hazreti Hızır yoldaşın ola. Hazreti Pir Hacı Bektaş Veli yardımcın ola. Gerçekler erenler demine Hû.

"Zülfikar keskinliğine, sır bütünlüğüne, Yezid'in mahvına, müminin muradına ermesine. Üçler, Beşler, Yediler, On İki İmamlar, Kırklar, enbiya, evliya, Allah Allah, Muhammed, Ali hû diyelim Hû."

"Ahd-i imanın bütünlüğüne, ikrar iman kabullüğüne Şah diyelim, bir Allah Allah!"

HACI BEKTAŞ VELİ MİSİN SEN

İki turnam gelir başı cıgalı
Eğlen turnam eğlen Ali misin sen
Birisi Muhammed birisi Ali
Eğlen turnam eğlen Ali misin sen
Yoksa Hacı Bektaş Veli misin sen

İki turnam gelir rengi yemyeşil
Biri İmam Hasan ol pâk nesil
Biri İmam Hüseyin cennette bir gül
Eğlen turnam eğlen Ali misin sen
Yoksa Hacı Bektaş Veli misin sen

İki turnam gelir rengi kırmızı
Biri İmam Zeynel sürelim yüzü
Biri İmam Bakır edek niyazı
Eğlen turnam eğlen Ali misin sen
Yoksa Hacı Bektaş Veli misin sen

İki turnam gelir rengi Cafer'i
Biri İmam Kâzım ol yol rehberi
Biri İmam Rıza Horasan piri
Eğlen turnam eğlen Ali misin sen
Yoksa Hacı Bektaş Veli misin sen

Turnalar Hicaz'dan sökün eyledi
Muhammed Mehdi'yi yakin eyledi
Hakikat ehlini memnun eyledi
Eğlen turnam eğlen Ali misin sen
Yoksa Hacı Bektaş Veli misin sen

Turnalar geldiler verdiler selam
Aldım selamını eyledim kelâm
İlhâmî şüphesiz gördüm vesselam
Eğlen turnam eğlen Ali misin sen
Yoksa Hacı Bektaş Veli misin sen

GEL İMDÂD EYLE

Dördümüzü bir araya sürdüler
Eriş Teslim Abdal gel imdâd eyle
Sordular da bol bol rahmet verdiler
Eriş Teslim Abdal gel imdâd eyle

Pekin olur gerçek erin kuvveti
Her yerde okunur ismi ayeti
Mümin kullarının yüzü hürmeti
Eriş Teslim Abdal gel imdâd eyle

Bize duru gömleklerin giydirme
Sırrımızı yâd illere dedirme
Aman mürvet katarından ayırma
Eriş Teslim Abdal gel imdâd eyle

Gerçekler yanında olmaz müdara
Umarım ki müdarayı gidere
Pirim divanında yüzümüz kara
Eriş Teslim Abdal gel imdâd eyle

Kul Mustafa siklet geldi üstüme
Mail oldum elâ gözlü dostuma
Gelip rakip nettin düştün kastıma
Eriş Teslim Abdal gel imdâd eyle

İBRİKÇİ TERCEMANI

"Bismişah! Allah Allah!

Ben gulam-ı Haydar'ım, adudan etmem havf-u bâk. Çünkü bu hizmette üstaddır bana Selman-ı Pâk. Ber Cemal Muhammed Kemal-i İmam Hasan, İmam Hüseyin Ali'ye ver salavat."

DUA

"Bismişah! Allah Allah!

Tanrı'm, sıfatların celalin, izzetin ve ulu adın, peygamberlerin temizliği ve ermişlerin nûru, şehidlerin dökülen kanı için bilgimizi artır, rızkımızı bereketli kıl, ateşten kurtuluş ile cennete giriş nasib eyle.

Dünyada sağlık ve öbür dünyada yüce elçinin yardımını esirgeme.

Tanrı'm, Hüseyin'in ve onun dedesi ve babası ve anası ve kardeşi soyu hakkıyçin bizi bütün dert ve tasalardan ırak tut.

Sen ki merhametlilerin en merhametlisisin, sen ki yardım edicilerin en hayırlısısın.

Tanrı'm, iyi işlerimiz az, isteklerimiz çoktur. Sen bilen ve gerçeği görensin. Sen zararları gidericisin ve sen merhametlisin."

TARİKÇİ GÜLBANGI

"Bismişah! Allah Allah!

Zülfikar keskinliğine, sır birliğine, Yezid helâkliğine, münkir körlüğüne, mümin kardaşların gönül muradına. Üçler, Beşler, Yediler, On İki İmamlar, Kırklar, er Hak, evliya, enbiya, Allah Muhammed Ali demine Hû diyelim Hû."

KEMERBEST DUASI

"Bismişah! Allah Allah!

(Kemeri beline dolarken) Lâ fetâ illâ Ali seyfe illâ Zülfikaar... Allahu ekber, Allahu ekber, lâ ilâhe illâllah... Ve-Allahu ekber. Allahu ekber ve lillah-il hamd. Havâlet yâ Şah-ı Merdan Hû..."

TEVBE DUASI I

"Bismişah! Allah Allah!

Ey! Mutlak hüküm sahibi ve yaratıcı olan yüce Allahım! Kendimi bildiğimden bugüne gelinceye kadar, bilerek veya bilmeyerek kötü isteklerime uyup işlemiş olduğum suçlardan tövbe eder affına sığınırım. Beni avf isminle yargıla. Gaffar isminle bağışla. Rahman isminle koru. Bundan sonra cümle yaramaz işlerden sana sığınırım, yardımcım, yol göstericim ol. Sen bizim Rabbimizsin. Allah eyvallah."

TEVBE TERCEMANI II

"Bismişah! Allah Allah!

Tevbe günahlarımıza estağfurullah, elimizle-dilimizle-belimizle işlediğimiz günahlarımıza tevbe-estağfurullah, kalbimizle cem-i âzâmızla işlediğimiz günahlarımıza tevbe-estağfurullah, isyanımıza tevbe-estağfurullah."

DÖNER ŞAH DEYU

Yine havalandı gönlümün kuşu
Aşk ile şevk ile döner Şah deyu
Her dem bahar ister istemez kışı
Muhabbet bağında döner Şah deyu

Şer'i Muhammed'den bağlıdır başı
Hakikat yolunda döker göz yaşı
Arzu etmiş Rum'da Hacı Bektaş'ı
Kubbesin üstünde döner Şah deyu

Mest olmuş eğlenmez aşkın bülbülü
Zehra ve Kübra'dır hakikat gülü
Saki-i kevserden gelse bir dolu
Aşk meyinden içer kanar Şah deyu

Hakikat meyinden içen uyanır
Hasan Hulk-ı Rıza rengin boyanır
İmam Hüseyn al kanlara boyanır
Zakir semâ eder döner Şah deyu

Ma'sûm-u Pâklerden sağ kapı açar
Ârif olan nice müşküller seçer
Lâhmüke lâhm olan serinden geçer
Kudretten delili yanar Şah deyu

Zeynel Abidin'le zindana düşer
Bâkır kazanında kaynayıp pişer
Ca'fer ile yedi deryayı geçer
Gülşen bahçesinde döner Şah deyu

Kâzım'la erişir gevher-i kâna
Rıza ile girer hal meydanına
Sekiz uçmak içre Hak irfanına
Didarı seyr eder döner Şah deyu

Muhammed Taki'den bulur imanı
Ali Naki kaldıra zan gümânı
Askeri Mehdi-i sahib zamanı
Kalbde mihman eder tutar Şah deyu

Noksani gönülde kuş gezer iken
Yer gök kurulmadan suda yüzerken
Kandildeki nurdan okur yazarken
Aşkın cür'asından sunar Şah deyu

DÜR'DÜR MUHABBET...

Muhabbete neydigün bileyim dersen
Erenler ceminde birdir muhabbet
Bu aşkın sırrına ereyim dersen
Gönül deryasında dürdür muhabbet

Muhabbet bağında münafık kalmaz
Öter bülbülleri gülleri solmaz
Bu bir sırrullahtır aşikar olmaz
Kudret haznesinde sırdır muhabbet

Hadis-i kudside buyurdu Mevlâ
Muhabbet hilatin giydi Mustafa
Melekler miraçta kıldılar nida
Haşır olan ruhlara nurdur muhabbet

Muhammed Ali'den sakın çekme baş
Ne derlerse sana desinler kardaş
Niyazı Musa'dır fehm eyle sırdaş
Bosnavi ednaye Turdur muhabbet

TURAP GİBİ AYAKLARDA BASIL DUR

Muhabbetten geçen Hak'tan da geçer
Muhabbet de Muhammed'ten hasıldır
Arifler boyuna bir kaftan biçer
Neslin yitirmeyen yine asıldır

Amel olmayınca Hakk'a varılmaz
Mürvet demeyince dara durulmaz
Şimdiki insana öğüt verilmez
Arif isen eğer hemen usul dur

Cehdeyle kendine iyidir dedir
Özünün karasın mürşide yudur
Hemen sofuluktan menfaat budur
Garazdan buğuzdan kinden kesil dur

Derviş olup meyden içeyim dersen
Sıratı mizanı geçeyim dersen
Ahrete imanla göçeyim dersen
Günah bendedir de darda asıl dur

Kul Himmet'im saklı nefes tutulmaz
Burda kalbe giren orda atılmaz
Turap olmayınca Hakk'a yetilmez
Turap gibi ayaklarda basıl dur

KURBAN TEKBİRİ

"Bismişah! Allah Allah!

Kurban-ı Halil, Ferman-ı Celil, Tığ-ı Cebrail, İtaatı İsmail.

Allah-ü Ekber... Allah-ü Ekber... Allah-ü Ekber... Lâ İlahe İllallah Vallahü ekber... Allahü ekber Ve Lillahil hamd.

- Allah-ü Ekber... Allah-ü Ekber... Allah-ü Ekber...

Lâ İlahe İllallah Vallahü ekber... Allahü ekber Ve Lillahil hamd.

- Allah-ü Ekber... Allah-ü Ekber... Allah-ü Ekber...

Lâ İlahe İllallah Vallahü ekber... Allahü ekber Ve Lillahil hamd.

Lâ fettâ Ali lâ seyfe illlâ Zülfikar.

Nasrûn-min Allahi ve fethün karib ve beşşr'il müminin.

Ya Allah Ya Muhammed Ya Ali.

Pirimiz üstadımız Hünkâr Hacı Bektaş Veli. Diyelim gönül birliğiyle Allah... Allah..."

TERCÜMAN-I KURBAN

"Bismişah! Allah Allah!

Muhammed Ali'nin hürmeti için, bu dergâhtan ayırma ey gani Şah.

Fermanı Celil, kurbanı Halil, delili Cebrail, tekbiri İsmail.

Bismişah, Allah Allah!

Subhanellezi la ilahe illa hüve Allahu ekber, Allahu ekber, Allahu ekber ve la havle ve la kuvvete illa billahil alliyal azim."

GELDİ BU KURBAN

Can vereyim diye meydanda durdu,
Tanrı'nın emriyle geldi bu kurban
Kötülüğü atıp bak dara durdu,
Âdem'den bu deme geldi bu kurban

Muhammed Ali'nin yoluna girdi,
Hiç pişman olur mu can kurban verdi.
On İki İmam'dan el etek aldı,
Muhammed Ali'ye indi bu kurban.

İmam Hasan için, Hakk'a adanmış,
Şah Hüseyin için divana durmuş,
İmam Zeynel için serini vermiş
Bakır-ı Cafer'e indi bu kurban.

İmam Musa Kâzım gibi yârımız,
Ali Rıza, Taki, Naki darımız,
Canın adayan çeker nazımız,
Askeri, Mehdi'ye indi bu kurban.

Adil Ali Vaktidolu, çal söyle,
Canını cananda bul, seyran eyle.
Halini dergâhda sen makbul eyle.
Kırklar Meclisi'ne geldi bu kurban.

10/10/1997

YARDIR MUHABBET

Tâ kaalübelâdan sevdik seviştik
Bizimle ezelden yardır muhabbet
Üstad nazarından ikrara düştük
Mü'mine kadim ikrardır muhabbet

Muhabbettir Lâ ilahe illallah
Muhabbettir Muhammed Resulullah
Muhabbettir Ali Sem-i Veçhullah
Üç isim mana'da birdir muhabbet

Allah, Muhammed, Ali ortasında
Beytullah içinde Hak haznesinde
Kudret kandilinde aşk sahrasında
Cibril'in gördüğü nurdur muhabbet

Kudret kelamını söyler Cebrail
Rıza lokmasını sunar Mikail
Canı câna ulaştırır Azrail
İsrafil ağzında sûrdur muhabbet

Muhabbettir yerin göğün direği
Muhabbet ehlinin yanar çırağı
Aşıka Beytullah ma'şık durağı
Hak nazar ettiği yerdir muhabbet

Muhabbet kadimdir insan içinde
Zira can severiz canlar içinde
Kırklar meydanında erkân içinde
Ne istersen vardır şardır muhabbet

Cân câna muhabbet etmek erkândır
Hublar meclisine ermek imandır
Zira muhabbetin arzusu cândır
Ki rıza yurdunda birdir muhabbet

Gel beri gel beri iman edersen
Gelme hakkın değil güman edersen
Sırrın tercümandır ayan edersen
Zira halk içinde sırdır muhabbet

Bu her dem bahardır bunda kış olmaz
Öter bülbülleri dilleri durmaz
Kokusu tükenmez hem rengi solmaz
Bir aceb gülzâr-ı bağdır muhabbet

Muhabbet edenler muradın alır
Muhabbet ehlolan birbirin bulur
Serçeşme Muhammed Ali'den gelir
Dalgası tükenmez göldür muhabbet

Merakı gülşendir Şirin-ü Ferhad
Leyla'da Mecnun'a göründü üstad
Muhammed Ali'den kuruldu bünyad
Tâ ezelden beri vardır muhabbet

Kul Himmet bu makam özge makamdır
Muhabbet mührü On İki İmam'dır
Şahımın didarı bunda tamamdır
Hakikata vâsıl eder muhabbet

KEMERBEST TERCEMANI

Bismişah! Allah Allah!
Erenler erkânı oldu imanım,
Kalmadı gönlümde şekk-ü gümanım
Takıp teslim olup Hakk'a hemişe
Erenler yolunda fedâdır canım
Ber-Cemal-i Muhammed... Ali...

SECDE KIL

Secdegâhı aşka gir Mustafa'ya secde kıl
Saki'yi Kevser Ali'yel Murtaza'ya secde kıl

Şah Hasan'dır kalbiyle iman erkân ey gönül
Mümin isen Hüseyni Kerbela'ya secde kıl

İmam Şah Zeynel Abidin'dir nuri çevmi evliya
Şah Muhammed Bakır ehli sefaya secde kıl

Cafer'i Sadık yolunda gel sıtkıyla sadık ol
İmam Musa'yı Kâzım Şah Ali Rıza'ya secde kıl

Şah Taki'yle gel ikrara bend ol
Şah Hasanalaskeri sahip livaye secde kıl

Mehdi'yi sahip zamandır hadiyi perverdigar
Kâşifi sırrı fazlı ezel Hüdaya secde kıl

Gılı gıştan kalbini pakize eyle **Vahdeti**
Haki payı Enbiyayı Evliya'ya secde kıl

SECDE GÜLBANGI

(Secdeye kapanırlar, şöyle dua edilir:)

"Bismişah! Allah Allah!

Akşamlar hayır ola. Hayırlar feth ola. Şerler def ola. Münkirler mat ola. Münafıklar berbad ola. Müminler şad ola. Meydanlar abad ola. Sırlar mestur ola. Gönüller mesrur ola. On İki İmam, On Dört Masum Pâk Efendilerimizin himmetleri üstümüzde hazır ola. Üçlerin, Beşlerin, Yedilerin, Kırkların, ricalı gaip erenlerin ve kutbul'aktap efendilerimizin hayır himmetleri saf nazarları üstümüzde hazır ve nazır ola.

Erenler, münkir, münafık ve riyakarların mekrinden hıfz ve himaye eyliye. İki cihanda korktuğumuzdan emin ve umduğumuza nail eyleye. Dertlerimize derman, kalblerimize iman, hastalarımıza şifa, borçlarımıza ihsan eyleye. Zümreyi Saliha'dan Güruh-u Naciye'den eyliye. Tacımızı, devletimizi, milletimizi, vatanımızı, malımızı, canımızı düşmana paymal ettirmeye. Muhammed dinine zeval vermeye.

Gökden hayırlı rahmet, yerden hayırlı bereketler ihsan eyleye. Merdi namerde muhtaç etmeye. Dualarımızı dergâhı izzetinde kabul eyleye. Vaktimizin hayrı gele. Dil bizden, himmeti Hazreti Pirden ola. Demi Pir kerem evliya gerçek erenlerin demine hû."

MAHRUM OLMAZ İNŞALLAH

Muhammed Ali'yi candan sevenler
Yorulup yollarda kalmaz inşallah
İmamı Hasan'ın yüzün görenler
Hüseyin'den mahrum olmaz inşallah

İmamı Zeynel'den bir dolu içen
İmamı Bâkır'dan kaynayıp coşan
Sıdk ile İmam Ca'fer'e ulaşan
Bundan özge yola sapmaz inşallah

İmamı Musa'dan gelen erenler
Can baş fedâ edip cemler görenler
İmamı Rıza'ya zehir verenler
Divanda şefaat bulmaz inşallah

Bir gün olur okuturlar defteri
Şah oğlunun elindedir teberi
Uyanınca Taki, Naki, Askeri
Açılan gülümüz solmaz inşallah

Hatayi der bu iş bir gün biter-a
Özünü katagör ulu katara
Mehdi şevki bu cihanı tutar-a
Şah oğluna sitem olmaz inşallah

DOLU GÜLBANGI

"Kadeh seni, bade seni
Vermeyelim yade seni
Münkirin ne haddi var ki
Zerre kadar tade seni"

TEVELLA VE TEBERRA

Tevellasın, teberrasın bilen merdana aşk olsun
Bu esmanın müsemmasın duyan insana aşk olsun

Muhibb-i hanedana sedhazaran niyaz edip
Ama anda da mevlasın bulan irfana aşk olsun

Bu nazm-ı hikmet effşanın, bu batın nutkun ey arif
Bugün hakkıyla ifasın eden ihvana aşk olsun

ALLAH BİR MUHAMMED ALİ

Ben başka nesne bilmezem
Allah bir Muhammed Ali
Özüm gurbete salmazam
Allah bir Muhammed Ali

Anlar pirdir bir olubdur
Balkıyan bir nûr olubdur
Dört köşede sırr olubdur
Allah bir Muhammed Ali

Mümin müslim etek tutar
Bir gönülde mekân tutar
Hû diyerek gelir yeter
Allah bir Muhammed Ali

İki yavru var yuvada
Muallak döner havada
Dağda deryada ovada
Allah bir Muhammed Ali

Bindikleri Burak'dürür
Yaktıkları çırak dürür
Yerden göğe direk dürür
Allah bir Muhammed Ali

Hatayi bu yolda serdir
Serin verenler de erdir
Ayda sırdur günde nurdur
Allah bir Muhammed Ali

VER ABDAL MUSA

Niyet ettim yapıtını yazmaya
N'olur muradımız ver Abdal Musa
Katarda didarda yazdır tapuna
Durmuşuz darına sor Abdal Musa

Pişirip müridin Hakk'a gönderen
Değirmeni sağdan sola döndüren
Nice abdalların nasibin veren
Bize de nasibin ver Abdal Musa

Teke Bey'in ateşini södüren
Peşi sıra dağı taşı gönderen
Müminlerin günahını yunduran
Bizlerin günahın yun Abdal Musa

Bir geyik donuna girip görünen
Kaygusuzun oku ile vurulan
Dergah'a girince orda sır olan
Bizlere de şimdi sır Abdal Musa

Dağdan dağa uçar suyu uçuran
Yılda iki sefer dağdan geçiren
Çeşmelerden bal akıtıp içiren
Bizlere badeni sun Abdal Musa

Kurtlar ile zalim malını kıran
Koltuğundan oku avcıya sunan
Aleni aşikâr keramet veren
Bize kerametin sun Abdal Musa

Adil Ali Vaktidolu halleri
Hak uğrunda kesilmesin yolları
Gönül bahçesinde açan gülleri
Mümin canlarına sun Abdal Musa

SUÇUM BAĞIŞLA

Hata ettim Hûda suçum bağışla
Muhammed Mustafa suçum bağışla

Ol Al-i Abadan Haydar-ı kerrar
Aliyyel Murtaza suçum bağışla

Haticetü'l Kübra, Fatıma Zehra
Ol Hayrün Nisa suçum bağışla

İmam Hasan aşkına girdim meydana
Hüseyn-i Kerbela suçum bağışla

İmam Zeynel, İmam Bakır-ı Cafer
Kazım Musa Rıza suçum bağışla

Muhammed Taki'den hem Ali Naki
Hasanü'l Askeri suçum bağışla

Muhammed Mehdi ol sahip-i zaman
Eşiğinde alet suçum bağışla

Bilirim günahım hadden aşupdur
Hünkâr-ı evliya suçum bağışla

On İki İmam'dandır bu nur **Hatayi**
Şir-i Yezdan Ali suçum bağışla

MÂTEM DUASI

"Bismişah! Allah Allah!

Ya İlahi, sen bizlerin gönüllerini Resuli Ekrem nebiyyi Mükerrem Muhammed Mustafa'nın ve onun tathir Ehl-i Beyt'inin sevgisi ile aydınlat. Bu sevgi ile gönüllerimiz ve cümle ehl-i imanın gönüllerini süsle. O yüce sevgiyi yol göstericimiz yap.

Hazreti Muhammed ve O'nun Ehl-i Beyt'i, temiz soyu ile onlar uğruna canlarını feda eden serdar şehitleri bizlerden hoşnud eyle. Allahım cümlemizi yakıcı ahiret gününde şehidler serdarı İmam Hüseyin ve onun uğruna canlarını feda edenlerin şefaatına nail eyle.

Allahım cümle muhibb-i hanedanı Ehl-i Beyt bendelerini kemali kereminden gufranı rahmaniyeden cennet mekan eyle. Lütfu inayetinle arsa-i mahşerde yüzlerini nurlu ve amellerini gürlü eyle. Eşrefi Mahluk, Hatemi Enbiya Muhammed Mustafa Hazretlerini O'nun temiz soyu için matem tutan ve gönülden sevenlerden haberdar eyle.

Cümle enbiya ve mürselin ve onların soyuna salat ve selam olsun.

Ehl-i Beyt'i Muhammed'i bizlerden rıza ve hoşnud eyle.

Bizleri Katarı On İki İmam'dan, dar-ı Pirân'dan ayırma. On Dört Masum-u Pâk'ın ve On Yedi Kemerbesti Handan Efendilerimizin himmeti âliyelerine şefaatı ruhaniyelerine nail eyle.

Kerbela sahrasının o yüce şehitlerinin şefaatlarını üzerimizden eksik etme.

Şehitlerin serdarı, Nesli Kibriya'nın iftiharı, Şah'ı Evliya'nın ve Fatıma'tül Zehra'nın gözünün nuru gönüllerinin süruru, Hasan'ül Mücteba'nın yârı Kerbela Sahrası'nın Sultanı İmam Hüseyin Efendimizi cümlemizden ve cümle Ehl-i Muhibban'dan razı ve hoşnud eyle. Arsai mahşerde şefaatçimiz ve sığınağımız eyle.

Gönüller sultanı, Erenler şahı, Rum'un irşadgahı, dertli-ler dermanı Seyyid Muhammed Hacı Bektaş Veli kuddise sırehüceli efendimizin şefaat-ı piranelerine nail eyle. Gönül su-suzluğumuzu onun nurlu eliyle gider. Daim ruhlarımızın mürşidi ve önderi eyle.

Ve bahusus memleketimizin başında bulunanları insafa, adalete ve kemalete yönelt. Ordumuzu muzaffer ve mensur eyle. Düşmanlarımızı zelli ve hakir eyle.

Dualarımızı ve matemimizi dergâhı izzetinden kabuli karin eyle.

Cümle ehli insana nice nice hayırlı ve uğurlu feyizli yıllar nasib eyle. Birliğimizi, dirliğimizi daim eyle. Devletimizi, varlığımızı nihayetsiz olarak kaim eyle.

On İki İmam'ın hürmetine, On Dört Masum-u Pâk'ın hürmetine, On Yedi Kemerbest'in hürmetine, Şühedayı Kerbela'nın hürmetine dualarımızı kabul eyle. Bu alemden göçmüşlerimizi onların şefaatine nail eyle.

Gülbangı Nebiyyi Resul-i esrâr, halka-i tevhid meydanı kırklar, Pir Seyyid Muhammed Hacı Bektaş Veli Hünkâr. Gerçek erenler demine Ya Ali, Hû Dooost.

ERENLER YOLUNA GİRDİKTEN SONRA

Kerbela çölünde kuşlar öter mi?
Ehl-i Beyt'in kanı aktıktan sonar
Ağaç meyve verip otlar biter mi?
Abbas'ın kolları düştükten sonar

Seni seven kullar ağlar inlier
Yevmül aşuradır yası yeniler
Bin dötyüz yıl taze durur anılar
Yezit'in zulümü sürdükten sonar

Nice yıllar değer senin her anın
Uzakta değilsin cismimde canım
Tüm derdi az gelir bütün cihanın
Ehl-i Beyt'im esir olduktan sonar

Tükenmiyor derdim zaten tükenmez
Kerbela Olayı kaleme gelmez
Sevenler cihanı bir pula almaz
Çadırların yağma olduktan sonar

Emine'ydim **Emiş Bacı** sen ettin
Beni aldın aşkın yurduna attın
Çok şükür Hüseyn'in aşkını tattım
Erenler yoluna girdikten sonra

MATEM ORUCU NİYETİ I

"Bismişah! Allah Allah!

Erenlerin himmetine, Er Hak Muhammed Ali'nin aşkına, Hz. İmam Hüseyin Efendimizin niyyet-i savm-ı atşânına, Susuzluk orucu niyetine.

Kerbela'da şehid olanların temiz ruhlarına ve niyyet-i Siyâm-ı mâtem-Matîm orucu niyeti Hazret-i Fatıma-tül-Zehrâ'nın şefâatine.

On İki İmam, On Dört Ma'sum-u Pâk Efendilerimizin şevkine, On Yedi Kemerbestler hürmetine. Hâzır, gâib gerçek erenlerin yüce himmetleri üzerlerimizde hazır ve nazır ola. Yuf münkire, Lânet Yezid'e, Rahmet mü'mine... Allah, eyvallah Hû..."

MUHARREM ORUCU NİYET DUASI II

"Bismişah! Allah Allah!

Alemlerin Rabbi olan Allah'a hamd olsun. Bütün peygamberlerine salât ve selam olsun. Ehl-i Beyt soyunda ve yolunda şehit olanların ruhları şad olsun. Ey yüce Allah'ım! Bana bu Muharrem Orucu'nu, Kerbela matemini tutmayı nasip ettiğin için, sana şükürler ve senâlar olsun. Niyet ettim Allah rızası için bugünkü Muharrem Orucu'nu tutmaya, sen beni sabır edenlerden eyle Ya Rabbim. Gerçeğe Hûû!

ORUCU AÇMA (İFTAR DUASI)

Bismişah! Allah Allah! Ey yüce Allah'ım! Bize bu Muharrem Orucu'nu, Kerbela matemini tutmayı nasip ettiğin için sana hamdü senâlar olsun. Peygamberlerine salât ve selam olsun. Kerbela şehitlerinin ruhları ilahi nurun ile şad olsun. Yezit'e ve soyuna lanet olsun. Bütün şehitlerin, Erenlerin, Evliyaların yüzü suyu hürmetine, tuttuğumuz oruçları, yaptığımız ibadetleri, dergah-ı izzetinle kabul eyle. Selamullah ya Hüseyin! Selamullah ya Hüseyin! Selamullah ya Kerbela'da susuz şehit düşen şühedâlar! Bismi Şah Allah, Allah diyelim, Hak lokması yiyelim. Gerçeğe Hûû!

Cemevlerimizde on iki gün Muharrem'de, içindeki dedeleri ile dua ve mersiye okuyarak oruçlarını topluca açmalarını öneriyoruz. "İMSAK" oruç tutmaya niyet etme anıdır. Sözcük olarak, "İnsanın bedensel isteklerini engellemesi, nefsine gem vurması demektir."

"İFTAR" oruç açma anlamına gelir. Orucun sona erme zamanını dile getirdiği anlamında Farsça bir kelimedir. Onun için biz Aleviler de rahatça İFTAR ve İMSAK kelimelerini kullanıyoruz. Hiçbir mahsuru da yoktur. Fakat İmsak saatleri biz Alevilere göre sabaha çok yakın olduğu için, bizlerden gece kalkmak mecburiyetinde olanlar, yazılı olan saatten bir saat evvel yiyip, orucumuza niyet etmeli-yiz. Esasında Aleviler'de saat 24'den sonra yemek yiyerek oruca niyet etmek yoktur. İmkânı olan insanlarımıza yine eski adetimize göre gece kalkmadan oruç tutmalarını tavsiye ederiz. İftar ve İmsak anlamlarını merak edenler, "Büyük İslam Deyim Ve Terimler" sözlüğüne bakabilirler.

GAHİ GİYİP GAHİ ATMALI DEĞİL

Bu yolun yolcusu olayım dersen
Elde iki karpuz tutmalı değil
Derviş olup şalvar giyeyim dersen
Gahi giyip gahi atmalı değil

Nadan bahçesinde gonca gül olmaz
Kâmil ile yoldaş olan yorulmaz
İki mahluk vardır Hakk'a kul olmaz
Mağrurluk düşmanlık etmeli değil

Mağrurlar orada olurlar yalan
Kibr imiş yorulup yollarda kalan
Eğer yolcu isen köprüyü dolan
Gözgöre çamura batmalı değil

Koyun kuzusuna nasıl meledi
Malının kulağın kimler enedi
Bülbül öttüğü dalda tünedi
Her çalı başında ötmeli değil

Şah Hatayi İmam Ca'fer muhbiri
Yaranıdır Hakk'ın Veysel Karani
Hakk'ın haznesinden gelen güheri
Müşteri olmayana satmalı değil

AŞURE ÇORBASININ MEYVALARINI KORKEN YAPILAN DUA

"Bismişah! Allah Allah!

Yüce Allah'ım sana hamdü senâlar olsun ki, bizlere bu Muharrem Orucu'nu, Kerbela matemini tutmamızı nasip ettin. Tuttuğumuz oruçları, yaptığımız ibadetleri, Kerbela'da susuz şehit düşen şühedâların yüzü suyu hürmetine kabul eyle. Sana karşı bilerek veya bilmiyerek yapmış olduğumuz hatalarımızı af eyle, Ya Rabbim.

Kur'an'da hakkında indirdiğin Şura Suresi'nin 23. ayetinde, Ahsap Suresi'nin 33. ayetinde, methi şahanesini yaptığın Ehl-i Beyt'e salat ve selâm olsun. Esselamu aleyke ya Hüseyin. Esselamu aleyke, ya Kerbela'da şehit düşen şühedâlar .

Esselamu aleyke, Ya Muhammed Mustafa!
Esselamu aleyke, Ya İmam Ali'yel Murtaza!
Esselamu aleyke, Ya Fâtima'tul Zöhre!
Esselamu aleyke, Ya İmam Hasan'ül Müctebâ!
Esselamu aleyke, Ya İmam Hüseyin'i deşdi Kerbela!
Esselamu aleyke, Ya Zeynel'i Aba!
Esselamu aleyke, Ya İmam Bakır'ı Baka!
Esselamu aleyke, Ya İmam Cafer'i Sadık!
Esselamu aleyke, Ya İmam Musa'yı Kazim!
Esselamu aleyke, Ya İmam Rıza' yı Cefa!
Esselamu aleyke, Ya İmam Muhammed Taki!
Esselamu aleyke, Ya İmam Ali'yel Naki!
Esselamu aleyke, Ya İmam Hasan Al Askeri!

Esselamu aleyke, Ya İmam Muhammed Mehti Sahibi Zaman!

Ey yüce Allah'ım! Üçler'in, Beşler'in, Yediler'in, On İki İmamlar'ın, On Dört Masum-u Pâklar'ın, On Yedi Kemeri bestlerin, Kırklar'ın aziz ruhları hürmetine, gönüller şahı Erenler Sultanı Hünkâr Hacı Bektaş Veli'nin aziz ruhunun hürmetine, erenlerin, evliyaların aziz ruhlarının hürmetine, tuttuğumuz oruçları, yaptığımız duaları, pişirdiğimiz Hak lokmalarını, dergahı izzetinle kabul eyle. Emeklerimizi boşa verme, hizmetlerimizden dolayı, bizleri Hz. Muhammed'in şefaatından, Ehl-i Beyt'in katarından didârından mahrum etme. Gerçeğe Hü, Mümine Ya Ali."

AŞURE ÇORBASINI YEDİKTEN SONRA VERİLEN SOFRA DUASI

Bismişah! Allah Allah!

Elhamdülillah, Elhamdülillah, Elhemdülüllah! Nimeti Celilullah bereketi Halil'ullah. Şefâat kıl Ya Resulullah. Erenler sofrası olsun, pir lokması olsun, yiyene helal, yedirene delil olsun. Bu gitti ganisi gele, Hak, Muhmmed, Ali bereketini vere. Gittiği yere gam keder girmesin. Kazanıp getirenlerin, pişirip hizmet edenlerin elleri, ayakları dert görmesin, gönülleri keder görmesin. Kerbela'da susuz şehit düşen şühedaların ruhları şad olsun. Onların ruhlarının aziz hürmetine emeklerimizi boşa vermesin. Pişirdiğimiz aşure çorbamızı, verdiğimiz lokmalarımızı dergahında kabul etsin.

Ey yüce Allah'ım! Hz. Muhammed'in soyuna ilk zulüm eden zalimden, son zulüm eden zalime kadar hepsine lanet olsun. Ehl-i Beyt'e ve onun soyuna rahmet olsun. Bizleri de Hz. Muhammed'in şefaatından mahrum etme Ya Rabbim! Lokma hakkına, sofra hürmetine, erenlerin keremine, cömertlerin demine Hûû diyelim!

YENİYIL (NEVRUZ) GÜLBANGI

"Bismişah! Allah Allah!

Nevruz-Sultan, mevlüd-ü Şahı Merdan.

Allah Allah! Vakitler hayrola, hayırlar fethola, şerler defola, Hak erenler yıllarımızı mübarek eyliye, Meydanlarımızı şen, gönüllerimizi ruşen eyliye.

Hak Muhammed Ali soframızdan yâranımızı eksik etmiye. Tuttuğumuz işleri asan ve gönüllerimizin umduğunu ihsan eyliye.

Hazır, gâib, zahir, batın Hak erenlerin hayr nimetlerini üzerimizde sayebân eyliye. Ehl-i Beyt düşmanlarını berbad eyliye. Münkir münafıkı nâ-murat eyliye. Muhiblere kötülük düşünen münkir münafık ve müfsid'in boynundan Zülfikar-ı Haydar-ı Kerrar eksik olmaya.

Yuh münkire, lânet Yezid'e. Rahmet Mü'mine, Hak erenler demine Pir'an keremine Hû..."

İNSANI HAK, HAKK'I İNSAN TAMAMLAR

Gönül gözü görür Hak didarını
Didarı Hakk Hakk'ı didar tamamlar
Sevgi muhabettir umum efkârım
Sevgiyi Hakk Hakk'ı sevgi tamamlar

Yazılıdır ismi azam yüzünde
Gülistan bahçesi senin gözünde
Dört kitabı oku kendi özünde
Öz kitabı kitap özü tamamlar

Yedullah ayetin bilene kurban
Didarı tanıyıp görene kurban
Hak Ademde bilip gelene kurban
Ademi Hakk Hakk'ı adem tamamlar

Üç isimden oldu yedi noktası
Kef ile nun rumuz engürün tası
Yedi açık yedi sır Hakk sıvası
Sıfatı zat zatı sıfat tamamlar

Yedi kapılı bir şehire vardım
On iki padişah oturur gördüm
On dört on yedidir fikrim virdim
Fikiri vird Virdi fikir tamamlar

Kırk Şar gördüm kırkı biri andırır
Yetmiş üç dışında kalan ham durur
Yüz on dört surede nokta indirir
Noktayı Hakk Hakk'ı nokta tamamlar

Adil Ali eyle insana nazar
Üç huruf beş nokta çok şeyler yazar
Hakk insana insan Hakk'a çok benzer
İnsanı Hakk Hakk'ı insan tamamlar

DOĞUM VE AD VERME DUASI

Doğan bebeğe ad koyma belli bir törenle yapılır. Aile yakınları çağrılır. Bebenin adını verecek kişi (O ailenin Mürşid'i, yoksa bebenin dedesi, o da yoksa ailenin büyüğü) bebeyi kucağına alır ve tesbit edilen adını üç kez kulağına söyler, sonra şu duayı okur:

- Tanrım!.. Bu çocuk güzel huylu, akıllı-uslu, sağlıklı, hayırlı ve uzun ömürlü; kötülüklerden uzak, rızkı bol; ailesine, ulusuna ve tüm insanlığa yararlı olsun. Hz. Muhammed Mustafa ve Hz. Aliyyel Murtaza yoluna bağlı kalarak hayırlı hizmetlerde bulunsun.

Ey yüce Tanrım! Bu dileğimizi, sevgili Peygamberimiz ve O'nun Ehl-i Beyt'i aşkına kabul eyle!..

Allah Allah, eyvallah!..

SÜNNET DUASI

Erkek çocuk, ergenlik çağına gelmeden önce sünnet etti-rilir. Sünnet geleneğinin Hz. İbrahim'le başladığına inanılır. Bu gelenek İslam aleminde olduğu gibi Yahudiler'de de vardır; fakat İslam'da sünnet olmak şarttır. Sünnet, hem temizlikte, hem de sağlıkta önemlidir.

Sünnet olacak çocuk önceden hazırlanır ve ona sünnet olunca erkek olacağı telkin edilir. Aile yakınlarının katıldığı bir törenle kirvesinin kucağına oturan çocuk sünnetçi tarafından pipisinin uç derisi kesilerek "erkekliğe ilk adımı" atmış olur. Bu işlem yapılırken "Tekbir" getirilir ve şu dua okunur:

Bismi Şah! Allah Allah!

Erin erliğine, Hakk'ın birliğine, küffarın kötülüğüne, inancımızın yüceliğine, soyumuzun başarısına aşk ve şevk ile diyelim Allah!

Allah Allah!

Eli kan, kılıcı kan, sinesi üryan, ciğeri püryan, Kerbela şehidi İmam Hüseyin demine devranına aşk ile şevk ile diyelim Allah!

Allah Allah!

Öncesi gaza sonrası gaza, inayeti Hüda, kuvveti enbiya, himmeti evliya, Resulü Kibriya, Muhammed el Mustafa, Aliyel Murtaza demine, devranına aşk ile şevk ile diyelim Allah!

Allah Allah!

Cümle gaziler, Üçler, Beşler, Yediler, On İki İmamlar, Kırklar aşkına, gülbangı Muhammedi, nur'u Nebi, keremi Ali, Pirimiz Hünkâr Hacı Bektaş Veli, erenler, evliyalar, veliler, nebiler, yüzü suyu hürmetine gerçekler demine hû mümine ya Ali...

Allah Allah!

Sünnet olan bu yavrumuz sağlıklı olsun; Ehl-i Beyt inancıyla beslenip yurdumuza ve tüm insanlık alemine yararlı bir insan olsun!

Allah Allah!

Alevilikte Kirvelik kurumu kutsaldır. Kirveler, birbirlerine son derece saygılı ve bağlıdırlar.

NİKÂH DUASI

Nikâhta eşlerin birbirine ikrar vermesi önemlidir.

Dergahlarda veya evlerde, Medeni Kanuna göre nikahları kıyılmış olan çiftlerin nikâh akidleri Alevi geleneğine göre dualandırılır. İki genç yanyana otururlar, onlara sorulur: Gençlikte, yaşlılıkta, güzellikte, zayıflıkta, zenginlikte, fakirlikte birbirinizi taşıyacağınıza söz veriyor musunuz?

Evlenecek çift: "Eyvallah" der.

Bismişah! Allah Allah!..

Rızalarınız üzerine Allah'ın emri, Peygamberimiz Muhammed Mustafa'nın kavli, Ehl-i Beyt aşkı ve İmam Caferi Sadık buyruğu ile Pirimiz Hünkâr Hacı Bektaş Veli erkânı gereği; Ehl-i Beyt ikrarı ile Ehl-i Beyt'in defterine kayıt olmak üzere gökte melekler, suda semekler (balıklar), şu anda hazır bulunan İrfan ehli canların tanıklığında evlenmek istiyorsunuz. Önemli bir durum olmadıkça birbirinizden ayrılmayacağınıza, birbirinizi sevip sayacağınıza, birbirinizin haklarını gözeteceğinize söz veriyor musunuz?

-Eyvallah!

-Söz veriyor musunuz?

-Eyvallah!

-Söz veriyor musunuz?

-Eyvallah!

-Ey canlar, sizler de tanık oluyor musunuz?

-Eyvallah!

-Tanık oluyor musunuz?

-Eyvallah!

-Tanık oluyor musunuz?

-Eyvallah!

-Ben de sizi Hak-Muhammed-Ali aşkına karı-koca ilan ediyorum, nikahınız kutlu olsun diyorum.

-Allah Allah, eyvallah!

-İkrarınız daim, muratlarınız hasıl ola! Verdiğiniz ikrardan dönmeyesemiz! Mahşeri alemde yanmayasınız! Gönlünüzü gümandan, başınızı dumandan koruyasınız! Hak-Muhammed-Ali, Pirimiz Hünkâr Hacı Bektaş Veli sizden hoşnut ve razı ola!..

-Allah Allah, eyvallah!

-Hak erenler bu birleşmeyi mübarek etsin! Bu nikah kutlu ve eşleri ömür boyu mutlu kılsın! Gençlerin ömürlerini uzun, canlarını sağlıklı, rızıklarını bereketli, evlatlarını hayırlı ve merhametli eylesin!..

-Allah Allah, eyvallah!

-Bu nikah, Hz. Muhammed'in, mübarek Aliyel Murtaza ile Fatima-i Zehra'ya kıldığı ahd nikahıdır... İkinizin arasındaki yakınlık, Ali ile Fatima, Şah Hüseyin ile Şehriban Anamız'ın yakınlığı gibi olsun! Aranızdaki sevgi ve yakınlık daim olsun! Dünya ve ahiret isteklerinize kavuşun! Hayırlı evlatlar ile sevinip mutlu olun! Soyunuz yeryüzünde hayırla anılıp daim kalsın!

-Allah Allah, eyvallah!

-Ey burada hazır bulunup bu iki cana tanıklık eden canlar! Sizler de bu iki canımız gibi iki cihanda aziz olun! Ulusumuza ve insanlığa yararlı hizmetlerde bulunun!

-Allah, eyvallah!

KIZ İSTEME DUASI

Anadolu halk geleneğinin tüm özelliğini taşıyan Alevilikte, kız isteme genellikle "görücü usulle" olur. Oğlan anası veya yakını bir kadın isteyeceği bir kızı önceden sınar. Temizliğine, düzenliliğine, vücut yapısına, güzelliğine, ahlakına, becerisine dikkat eder. Boyu boyuna, huyu huyuna, suyu suyuna uygun ise, durum kız tarafına bildirilir. Onlar da uygun görürler ise, kız ile oğlanın "konuşukluğuna" izin verilir. Gençler birbirini kabul ederlerse bu kez devreye erkekler girer. Oğlan tarafı kız tarafına konuk olur ve niyetlerini açıklar.

-Allah'ın emri, peygamberin kavli üzerine kızınızı oğlumuza istemeye geldik, derler.

Kız tarafı:

-Takdir ilahi ne yazmışsa o olur; diyerek rızalığını bildirir.

Bunun üzerine kız ve oğlan babaları kendileri adına konuşacak birer vekil tayin ederler. Vekiller başlık pazarlığına başlarlar. Kız vekilinin isteği fazla bulunursa, hazır cemaat devreye girer, istekler makul duruma getirilir ve anlaşma sağlanır. (Tabi ki 21. yüzyılda başlık konuşulması biraz geç kalsa gerek.) (-A.A-)

Böylece "söz kesme" yapılmış olur. Bundan sonra nişan ve nikâh törenleri için hazırlıklar başlar.

Bir de "Beşik Kertme" ile söz kesme vardır. Birbirine yakın duran iki aile çocukları doğduğunda biri kız biri erkek ise bu çocukları ileride evlendirmek üzere karar verirler. Bu çocuklar "Beşik Kertmesi" olarak büyüdüklerinde evlenirler.

Evlilik gönül birliği ve sevgi ile olmalıdır; yoksa zorla evlilik zina ol

ABORJİN DUASI

Seni ayakta tutmaya yetecek kadar güzelliklerle dolu bir yaşam sürmeni dilerim;

Aydınlık bir bakış açısına sahip olmana yetecek kadar güneş diliyorum;

Güneşi daha çok sevmene yetecek kadar yağmur diliyorum;

Ruhunu canlı tutmaya yetecek kadar mutluluk diliyorum;

Yaşamdaki en büyük zevkinin daha büyükmüş gibi algılanmasına yetecek kadar acı diliyorum;

İsteklerini tatmin edecek kadar kazanç diliyorum;

Sahip olduğun herşeyi taktir etmene yetecek kadar kayıp diliyorum;

Son "Elveda"yı anlamana yetecek kadar "merhaba" diliyorum;

HAKKI İSTER İSEN, ADEMDEN İSTE

Dervişlik hırkada tacda değildir
İsilik oddadır saçta değildir

Var bir gerçek erden kuşan kuşağı
Anları kurt yemez ucda değildir

Hakk'ı ister isen Ademden iste
Irak'da Mekke'de Hac'da değildir

Döğüşüp kardeşin hatırın yıkma
Eğilip kıldığın secde değildir

Aşk ile ölegör **Kaygusuz Abdal**
Aşk ile ölmezsen güçte değildir

BARIŞ İÇİN İMANLININ DUASI

Tanrım her yerde barış ve huzuru sağlamak için
bana yardım et ki;
kinin bulunduğu yere sevgi,
hakaretin bulunduğu yere, af;
anlaşmazlığın bulunduğu yere, birlik;
yanlışlığın bulunduğu yere, hakikat;
imansızlığın olduğu yere, iman;
ümitsizliğin olduğu yere, ümit;
karanlığın olduğu yere, aydınlık;
kederin olduğu yere, neşe getireyim.
RAB'bım lütfet!
avutulmaktan çok, avutmayı;
anlaşılmaktan çok, anlamayı;
sevilmekten çok, sevmeyi dileyeyim.
Çünkü insan verince, alır;
benliğini unutunca, benliğini bulur;
affedince, affedilir; ölünce, sonsuz hayata erişir.

VE TELKİN DUASI

"Bismişah! Allah Allah!

Ey canı teninden ayrı düşen kişi! Bilirsin ki, Tanrı'dan başka tapılacak ilah yoktur. Yine bilirsin ki, Hz. Muhammed Mustafa, Tanrı'nın kulu ve resulüdür; inananlara tebliğci (elçi) olarak gelmiştir. Ve yine bilirsin ki, Şah'ı Merdan Ali, Tanrı'nın velisidir. Hem gene bilirsin ki, On İki İmamlar, Hak ve gerçektir. Kuşkusuz ki, cennet Hak'tır, cehennem Hak'tır. Ve öldükten sonra dirilmek Hak'tır...

Ey canı teninden ayrı düşen kişi! Bilmiş ol ki ulu Tanrı, tüm ölmüşleri diriltecek, mahşer günü biraraya toplayacaktır. Bundan kuşku duyma sakın.

Ey bedenini toprağa koyduğumuz can! Sakın verdiğin ikrarı unutma ve ikrarından dönme! Bil ki, Rabbin, tek yaratıcı Tanrı'ndır. Ondan başka Tanrı yoktur. Dinin İslam, Peygamber'in Hz. Muhammed Mustafa'dır. İmamın ise, Hz. Ali ve O'nun evlatlarıdır. Kitabın Kur'an-ı Kerim'dir. Ve tüm inanıp iman etmiş olanlar senin kardeşindir.

Ey bedenini toprağa koyduğumuz can! Sığınacağın tek yer, seni yaradan Tanrı'ndır. Şu an onun koynundasın, aslına döndün. Ondan korkma. Çünkü O, bağışlayandır, esirgeyendir, koruyup, kollayandır. Biz O'na teslim ettik seni. Sen de O'na teslim et kendini, huzur içinde yat!..

(NA'T-I ALİ) İLLA ZÜLFİKAR

Hem evveli hem ahiri hem batini sen vardın
Âdemin secde ettiği pençe-i Aba idin
İlim idi irfan idi Allah ileydi virdin
Sevenler Pençe-i Aba olurlar hem Hakk'a yar
Ali oldun, Veli oldun, mucizatın aşikâr
Lâ feta illa Ali lâ seyfe illa zülfikar.

Ali idi, Veli idi, İmamların evveli
Züfikar'ın sahibiydi vardı birde Kanber'i
"Lehmike Lehmi" demişti iki cihan Serveri
Ali'yi her kim sevmez Hakikatta gözü kör
Ali oldun, Veli oldun, mucizatın aşikâr
Lâ feta illa Ali lâ seyfe illa zülfikar.

Hel'âta suresi Hakk'tan nazil oldu şanına
Lâin ancak hile ile kıyabildi canına
Varım yoğum, ruhum canım feda olsun yoluna
Sana inanmayanların iki cihan yeri nar
Ali oldun, Veli oldun, mucizatın aşikâr
Lâ feta illa Ali lâ seyfe illa zülfikar

Selmana nergizi verdi hemi Erzan dağında
Üçyüz sene sonra gördü Beytullah'ın bağında
Hasan ile Hüseyin var hem solunda sağında
Miraç'a vardı Muhammed baktı orda Ali var
Ali oldun, Veli oldun, mucizatın aşikâr
Lâ feta illa Ali lâ seyfe illa Zülfikar.

"Lehmike lehmi hadisde Resul ile yâr idin
"Cismike cismi" demişti hemi de bir can idin
Kör olanlar görmez seni bilmezler ki ne idin
Cömertliğin dile destan olmuşsun cihanda şar
Ali oldu, Veli oldun, mucizatın aşikâr
Lâ feta illa Ali lâ seyfe illa Zülfikar.

ADİL ALİ VAKTİDOLU seni sevdi horlandı
Horlayanlar Hakk'ı bilmez gözü ama körlerdi
Herkes bir yola ayrılmış çeşit çeşit yollardı
Senin yolundan gidenler olur daim Hakk'a yar
Ali oldun Veli oldun mucizatın aşikâr
Lâ feta illa Ali lâ seyfe illa Zülfikar

MİRAÇLAMA

Miraç okudu Cebrail
Muhammed Mustafa mâhf'i
Hakk emrine oldu kail
Eyledi hem azm-i râh'i.

Gayîd'dan yandı bir çırak
Çünkü yakîn oldu ırak
Cebrail getirdi Burak
Bindirdi Habib-ullah'i.

Burak kadem bastı arş'e
Erişti fevk-al Ferş-e
Hakk kâdirdir cümle işe
Eyledi bu gez-nigah'ı.

Bir nida erişti Hakk'dan
Ya Muhammed in Burak'dan
Göz kamaşır şerer-nâk'dan
Mü'minlerin kıble gah'ı.

Tevhid: Birlik
Çırak: Işık Aydınlık
Pür: Dolu çok.
Burak: Hz. Muhammed'i Mirac'a götüren binek (Aşk)
Arş: Gökyüzü
Ferş: Yeryüzü.
Şerrer nak: Bakılmayacak kadar kıvılcımlı aydınlık

Yolda irast geldi bir şir
Ya nedir bu işe tedbir
Hâtemini ağzına vir
Sundu iki cihan Şah'ı.

Çıktı sitr-el Müntehaya
Erişti il-a nihayâ
Kavuştu sırr-ı Hûdayâ
Seyretti Cemalullahî.

Orda gördü bir nev-civan
Yüzü Şems-i mah-ıtaban
Cemâline oldu hayran
Nazar kıldı â-Allah'î.

Sordu doksan bin kelamı
Hakk ile bile nik-namı
Bir dem eyledi aram'ı
Bu ne sırdır ya İlahi.

Şir: Aslan
Hatem: Üstü mühürlü yüksük
Sıtr-el münteha: En son yer, Hz. Muhammed'in Allah'a vardığı yer.
Şems: Güneş.
Mahi Taban: Çok parlak.
Aram: Yerleşme mekân.

Gayipten geldi yeşil el
Verdi si-pareengür asel
O demde gördü bir mahfel
Selman'ın şeyenlillahi

Ayak üzre kalktı Server
Oldu gözü gönlü enver
Sır ile doldu münevver
Dedi bu hikmet ilahi.

Oldu Mirac'ın mubarek
Hakk kıldı Kur'an tebarek
Şanına levlake levlak
Padişahlar padişah'ı.

Vardı Kırklar'ın cemine
Oturdu Hakk makamına
Hü... dedi gerçek demine
Dem be dem Resulullahi.

Engür: Üzüm.
Mahfel: Toplantı yeri.
Enver: Işık, nur
Münevver: Aydın insan.
Levlake levlak: Allah'ın Hz. Muhammed'e; Sen olmasaydın Ci-hanı yaratmazdım, hitabından bir bölüm.

Buyurdu ol nur'u vahid
Size armağan bu tevhid
Cümlesi de oldu sacid
Zikretti kelamullahi.

Kırklar bir şerbet içtiler
Can ile baştan geçtiler
Cezbe-i aşka düştüler
Ettiler Kırklar semahi.

Gözleri kurretül ayn
Ali bin Hasan Hüseyin
İmam-ı Zeynel Abidin
Güruh-u naci güvah'i.

İmam Bakır İmam Cafer
Kâzım Musa, Riza server
Taki ba Naki'den Asker
Muhammed Mehdi Penah'i.

Ata-bahş eyle lütfundan
Dur eyleme rahmetinden
Mahrum koyma şevkatından
GEDA FEVZİ pür günahi.

Vahid: Bir tek Allah
Sacid: Secde eden.
Kurretül ayn: Parlak nurlu.
Gürühu Naci: Kurtulan insan topluluğu.
Güvah: Şahid.
Penah: Sığınılacak yer.

BİR BAŞKA Mİ'RAC NAME

Kün dedi karar eyledi
Yeri göğü arşullahi.
Çar anasırdan yarattı
Âdem safiyullahi.

Ve-lekad keremna dedi
Melekler secdeye indi
İblis lain etmem dedi
Taktı tok lanetullahi.

Bir katre nutfeden oldu
Âdem'den nur Şit'e indi
Ehl-i haller tahkik kıldı
Hemi Şit Nebiyullahi.

Halil'in evladı gelip
Abdul Muttalip Ebu Talip
Ol an nuru iki bölüp
Bilenler bildi billahi.

Dü cihan Güneşi Ahmed
Vahiy geldi oldu irşad
Münkirler ne bilsin ahed
O bir nuri nurullahi.

Dostunun selamın aldı
Gönülleri sevinç kaldı
Cebraili rehber bildi
Arzu ettiler Allah'ı

Adem ol Haliki gördü
Başına çok haller geldi
Cemalıne bir nur indi
Âdem bildi nurullahi.

Âdemden zürriyet geldi
Hakk emri dört güruh oldu
Dördüne dört taat verdi
Ol fikiri zikrullahi.

Açıldı Haşimi necli
Mustafa Mürteza nesli
Yüz yiğirmidörtbin Nebi
İbrahim Halilullahi.

Abdullahdan Nebi zuhur
İki cihan oldu fahir
Ebu Talip'den geldi nur
Aliyy'ün Veliyullahi.

Hak emretti Cebreil
Habibim Mirac'a gele
Önünce delili bile
Cebrail eminullahi.

Sıtret-ül müntahaya vardı
Orada Cebrail durdu
Bundan öte sana dedi
Sen görürsün ol Allahi.

Nalinin çıkarmak ister
Hafiften nıdayla dost der
Arş-ı azimini göster
Nalini Habibullahi

Yetmiş iki perde seçti
Hakk'ın emri ile açtı
İlk perdeyecek erişti
Görmüştü hikmetullahi.

Azizullah el uzattı
Nur-u âlemi bezetti
Alem bu anı gözetti
Verdi Hâtem Nebiyullahi.

Aşık Maşukunu gördü
Habip maksuduna erdi
Doksan bin kelamı sordu
Danıştı kelimullah'i.

Bilenler bilir bileni
Gerçeğe aşık olanı
Gördü bir mahbub civanı
Habib bildi sırrullahi.

Gelmek için destur aldı
Cihan-ı güşen şaz kıldı
Mümine tevhidi verdi
Tutmak için illallahi.

Arş-ı muazzama vardı
Anda çok hikmetler gördü
Rahda da bir nişan verdi
Hatem-i Nebiyullahi.

Uçmak'ın babına vardı
Destur ya Rabbim'sin dedi
Gel dedi Rab virdeyledi
Uzattı dest-i sırrullahi.

Sütle elma baldan aldı
Kuduret lokması geldi
İkisi de bile tattı
Yediler nimetullahi.

Otuz bini Şeriatta
Otuz bini Tarikatta
Otuz bini Hakikatta
Bilenler bildi billahi.

Kudret hazinesin buldu
Özünü ikiye böldü
Engür-ü belgüzar aldı
Secde'ttiler Beytullahi.

Kırklar yolunu gözetti
Vardı Kırklar'ı bezm etti
Oturuban niyaz etti
Selman uzattı keşküllahi.

Selmana bir üzüm verdi
Yâr yâri o demde gördü
Hepsi pervaneye girdi
Tutundular arşullahi.

Ali orda tevaf etti
Doksanbin kelam vasfetti
Hâtemi numayan etti
Verdi ol Şah emrullahi.

Şah Hasan Hüseyin geldi
İmam Zeynel yara aldı
İmam Bakır şehid oldu
Riza'yi vahidullahi.

İmam Cafer din rehbari
Musa Kâzım din servsri
Olam Riza'nın çakeri
Verririm canı billahi.

Taki, Naki Şah Askeri
Onlar birbirini yari
Mehdi mümin intizari
Tez gelsin Zamanullahi.

Esrarı Hakk gelip oldu
Kırklar muradını aldı
Habibullah anda geldi
Gördü Ali keremullahi.

Car amanet fahri geldi
Muhammed Ali'ye verdi
Ahir sahibi var dedi
Baktaş'dır kaddesallahi.

Kutb-u alem Hünkâr geldi
Amanet sahibin buldu
Bunca erler nasip aldı
Bağladı rızaullahi.

Bendesin almış araya
Varınca baki saraya
HASİRET'i biçareye
Şefaat eder inşallahi.

BAŞKA BİR Mİ'RAC NAME

Hakk hitap edip bildirdi
Dostu Habibullaha.
Cebrail adıyla geldi
İlham Resulullaha.

Aşka akla isim kondu
Adına Cebrail dendi
Resul aşk atına bindi
Sabrı kalmamıştı daha.

Hakk ilham edip söyledi.
Resulullah bel bağladı
Yolunu açık eyledi
Gitmek farz oldu dergâha.

Resul bir mahale vardı
Yolunda bir Aslan gördü
Haykırdı bir nara vurdu
Sesi benziyordu Şah'a.

Haktan gelen ilham der ki!
O sana dost yakın dur ki!
Hatemin ağzına ver ki!
Senden ayrılmaya daha.

Hatemin Aslana verdi
Sakin olduğunu gördü
Muhammed huzur erdi
Şükür eyledi Allah'a.

Hakk'ı tevaf edip sordu
Secde edip yüzün sürdü
İlahi gerceği gördü
Erdi sırrı sırrullaha.

Muhammed doksan bin kelam
Dosta danıştı vesselam
Hak tevhidi kelâm kelâm
Çok şükür verdi insana.

Kuduret taamı geldi
Resulün arzusu oldu
Hakk bir salkım üzüm saldı
Hasan'la Hüseyin Şah'a.

Muhammed ayağa kalktı
Ümmetine sahip çıktı
Müminlere korku yoktu
Doğru giderse İlah'a.

Selman orada bulundu
Resulden üzüm dilendi
Tek bir tane üzüm sundu
Selman'ın keşküllaha.

Muhammed eve giderken
Bir kapı göründü erken
Dedi görem vakit varken
Belki ora gizel Şah'a.

Kapıyı çaldı Muhammed
Dedi bana edin minnet
Onlar dedi işine git
Hazireti emrullaha.

Resule Cebrail geldi
O kapı mubarek dendi
Habibullah geri döndü
Kapıyı çaldı bir daha.

Resule ermişti elem
Dedi ben miskin bir kulam
Destur verin ben de gelem
Kapı açıldı ol Mah'a.

Muhammed yerini buldu
Oturdu da sakin oldu
Cümlesi de secde kıldı
Hazireti emrullaha.

Resul dedi "kimlersiniz?"
Onlar dedi édinle aziz
Yol Hakikat biz Kırklarız"
Taatımız bir Allah'a.

Muhammed saydı onları
Kırktan eksik idi biri
Merak edip sordu sırı
Müşkülü kalmadı daha.

Kırklar der "kırk sayımız var
Gönüller birbirine yar
Birimize bir neşter vur
Kırktan akar kan vallaha."

"Hüü dost" deyip Selman geldi
Kırklar kırka tamam oldu
Muhammed keşkülü bildi
Şükür eyledi Allah'a.

Dilerdik kiYa Muhammed
Ez üzümü olsun sünnet
Ver birine eyle himmet
Sırrı hakikat penaha.

Muhammed üzümü ezdi
Bin bir türlü âlem sezdi
Gören gönlünde ki gözdü
O geçti fenafillah'a.

Resul Kırklar'ı bir gördü
Aşkın Şerbetini verdi
Bir sırrı esrara erdi
Saddaksın dediler Şah'a.

Resul Kırklara karıştı
Dostlar dost ile görüştü
Aşk dalgası boydan aştı
Hepsi kalktılar semaha.

Muhammed semaha kalktı
O semah'ın seyri Hakk'tı
Hakk'tan nesne nesne yoktu
Saklı gizli yok Allah'a.

Diyelim Hüü Allah Allah
Evvel Allah, ahir Allah
Zahir Allah, batin Allah
Hepsi dediler Kibriya.

Muhammed evine geldi
Mührün öpüp sakin oldu
Ali'nin kimliğin bildi
Secde ettiler Allah'a.

YAREBÜLBÜL kani oldum
Hikmeti Allah'dan bildim
Laneti gerekli buldum
Özü çürük ham ervaha.

KİMİM VAR ALİ'DEN GAYRİ

Yalnızların yardımcısı
Kimim var Ali'den gayrı.
Sefillerin duacısı
Kimim var Ali'den gayrı.

Bilirim yoktan var ettin
Yeri göğü sen yarattın
Yaktın vücudum kül ettin
Kimim var Ali'den gayrı.

Âşıkları aşka salan
Bahr'olup ummana dalan
Düşmüşlerin elin alan
Kimim var Ali'den gayrı.

Gönlümün sırrı penahım
İmamlardır secdegahım
Yerden gökten çok günahım
Kimim var Ali'den gayrı.

Gönlümün müptelasıyım
Dertliyim divanesiyim
Ali'dir irfan ocağım
Kimim var Ali'den gayrı.

KUL HİMMET ÜSTADIM derdim
Dilimde ezberim virdim
Gözüm açtım seni gördüm
Kimim var Ali'den gayrı.

PİR BUGÜN BİZE GELDİ

Pir bugün bize geldi
Gülleri taze geldi
Kanberin önü sıra
Ali Mürteza geldi.

Ali benim mahımdır
Kâbe kıblegahımdır
Miraç'taki Muhammed
Benim Padişahımdır.

Padişahım yaradan
Okur aktan karadan
Ben pîrden ayrılalı
Yüz yıl geçti aradan.

Arayı uzattılar
Yaraya tuz attılar
Fazlıya bir kul geldi
Bedestanda sattılar.

Sattılar bedestanda
Ses verir gülüstanda
Muhammed'in Hâtemi
Bergüzar bir arslanda.

Arslanda bergüzarım
Sevdasına gezerim
Hep hasretler kavuştu
Ben daha intizarım.

İntizarın çekerim
Lebleri bal şekerim
Aşkın ile daima
Gözyaşını dökerim.

Döerim gözyaşını
Gör Mevlâ'nın işini
Keşiş kurban eyledi
Yedi oğlun başını.

Keşiş kurban eyledi
Kâfirler kan eyledi
Gökten indi melekler
Yerde figan eyledi.

Figan eder melekler
Kabul olsun dilekler
Kâfir bir dert eyledi
O dert beni hekâkler.

Kâfir bir dert eyledi
Melekler vird eyledi
Pirim bir şehir yaptı
Kapısın dört eyledi.

Dört eyledi kapısın
Lâl'ü gevher yapısın
Yezit şehit eyledi
İmamların hepisin.

Hasan'a ağu verdiler
Hüseyn'e nice kıydılar
Zeynel ile Bakır'ı
Bir zindana koydular.

Zindanda ki ezadır
Câfer yollar gözetir
Câfer'in binbir ismi
Kâzım Musa Rızadır.

Taki Naki ağladı
Gözü yaşı çağladı
Şah Askeri Mehdi'yi
On ikiye bağladı.

On ikidir katarım
Türlü metah satarım
Yüküm la'l-ü gevherdir
Müşteriye satarım.

Satarım müşteriye
Kervan kalkıp yürüye
Cebrail'i eş etti
Cennetteki huriye.

Huriye eş eyledi
Hatırın hoş eyledi
Kanat verdi kuluna
Havada kuş eyledi.

Kuş eyledi havada
Gezer dağda ovada
El kaldırmış melekler
Saf saf durur duada.

El kaldırmış Hakk'ına
İsmi âzam okuna
İsmi âzam duası
Tatlı cana dokuna.

Dokuna tatlı cana
Ağlarım yana yana
İmamların duası
Kaldı ulu divana.

Ulu divan kuruldu
Türlü mahluk derildi
Yezit baskın eyledi
Muhtar orda vuruldu.

Muhtara hur dediler
Resul'e nur dediler
Cebrail darbuk çaldı
Ali'ye Pîr dediler.

Pîr dediler Ali'ye
Hacı Bektaş Veli'ye
Hacı bektaş tacını
Vurdu Kızıl Deli'ye.

Kızıl Deli tacımız
Şeyh Ahmet miracımız
Gözcü Karaca Ahmet
Yalıncak duacımız.

KUL HİMMET ÜSTADIM'IZ
Onda yoktur yadımız
Şah'ı Merdan aşkına
Hakk vere muradımız.

BUGÜN BİZE ALİ GELDİ

Bugün bize Ali geldi
Elinde hem dolu geldi
Sözümüzün üzerine
Hacı Bektaş Veli geldi.

Bugün bize hoca geldi
Gündüz değil gece geldi
Allah bir Muhammed Ali
Üçü de bilece geldi.

Bugün bize düş geldi
Sefa geldi hoş geldi
Allah Muhammed Ali
Birbirine eş geldi.

Bugün bize azı geldi
Alnımıza yazı geldi
İsmail Peygambere
Arştan bir kuzu geldi.

Bugün ben bir şara vardım
Kadim ikrara vardım
Ali'm gazaya gitti
Mansur'um dâra vardım.

Mansur'um dârda kaldı
Dilim ikrarda kaldı
Ali'm gazaya gitti
Ya Musa Tur'da kaldı.

Tur dağı bir kıbledir
Canı cana bağlatır
Selman bir oğlan sever
O cümleden âlâdır.

Oğlan der ki lâm geldi
Alnıma kalem geldi
Ali'm gazaya gitti
Fatma'nya selâm gelgi.

Selâmı kim getirdi
Gönlüme gam getirdi
Bu sinemde yaram çok
Yarama em getirdi.

Bu sinem yaralandı
Ağ gülün karalandı
Hasan hüseyn gelmedi
Ciğerim paralandı.

Zeynel'le Bakır n'oldu
Aşılan güller soldu
İmam Cafer gelmedi
Gözüm yollarda kaldı.

Kâzım Musa'yı Rıza
Çektiler cevri ceza
Taki Naki Askeri
Oldular şîri Hüda.

On iki nesil geldi
Şah Mehdi Resul geldi
KUL HİMMET ÜSTADIM da
Kapıya sail geldi.

ELAMAN YETİŞ

Her bunalan sana tutar yüzünü
Hakk Muhammed Ali elaman yetiş.
Kabul eyle yaz deftere sözümü
Bugün imdat günü elaman yetiş.

Hayırlı bir kapı aça yaradan
Ayırma cümleyi cemden sıradan
Yeri göğü arşı kürsü yaratan
Çağlatma çeşmimi sil aman yetiş.

Katarlayıp aşk katarın giderim
On'ki İmamların zikrin ederim
Senden gayri başka yari niderim
Şah Hasan Hüseyin elaman yetiş.

Zeynel Bakır Cafer Kıblegahımız
Kâzım Musa Riza Padişahımız
Taki, Naki, Asker Mehdi mahımız
Zalimlere kılıç çal aman yetiş.

Yarelerim azdı dermana bakar
Bu **SEYYİD SÜLEYMAN** fermana bakar
Nur cemalin misk-i Anber'dir kokar
Hünkâr Hacı Bektaş Pir aman yetiş.

ALİ DEYÜ ALİ DEYÜ

Yalvarırım Muhammed'e
Ali deyü Ali deyü.
Ağlar gezerim dünya da
Ali deyü Ali deyü.
Bektaş'ı Veli'da hal var
Fatm'Ana da bir hayal var
Sabah sabah Hakk'a yalvar
Ali deyü Ali deyü.
Hasan hüseyin öğrüşür
Melekler çar çar çığrışır
Sinem bülbülü ötüşür
Ali deyü Ali deyü.
İmam Zeynel semah tutar
Bâkır Câfer ona yeter
Kumru dost dost deyü öter
Ali deyü Ali deyü.
Musa-i Kâzım'dan içtim
İmam Riza'ya ulaştım
Pirin sevdasına düştüm
Ali deyü Ali deyü.
Taki Naki bu dediler
Askeri'ye hü dediler
Mehdi'dir kırklar yediler
Ali deyü Ali deyü.
KUL HİMMET ÜSTADIM katar
Gevher alır gevher satar
Arşullahta bir kuş öter
Ali deyü Ali deyü.

ALİ'YE SELMAN OLASIN

Muhammedi candan sev ki
Ali'ye Selman olasın.
Ehl-i Beyt'e gönül ver ki
Ali'ye Selman olasın.

Muhammed'i hazır bil ki
Canı Hkk'a nazır bil ki
Her gördüğün Hızır bil ki
Ali'ye Selman olasın.

Muhammed'e gönül kat ki
Cehd edip Rehber'e yet ki
Bir gercekten etek tut ki
Ali'ye Selman olasın.

Hasan ile girdim Cem'e
Hüseyn'in sırrını deme
Müsahipsiz lokma yeme
Ali'ye Selman olasın.

Zeynel Bakır Cafer Kâzım
Rızaya bağlıdır özüm
Hatırın kırma şahbazın
Ali'ye Selman olasın.

Taki'ye Naki'ye eriş
Askeri'de biter her iş
Mehdi'nin sırrına karış
Ali'ye Selman olasın.

ŞAH HATAYIM özün ırma
Gerçekler gönlünü kırma
Her Ademe sırrın verme
Ali'ye Selman olasın.

GEL BERU EY CAN DEDİLER

Kırklar Meydanına geldim
Gel beru ey can dediler.
İzzet ile selam verdim
Gir işte meydan dediler.

Kırklar bir yerde durdular
Otur deyü yer verdiler
Meydana sofra kurdular
Lokmanıza ban dediler.

Sıdkıle tevhid edelim
Çekilüp Hakk'a gidelim
Aşkın tolusun içelim
Kalalım mestan dediler.

Kırkların kalbi durudur
Mümin gönlünü arıdur
Gelişin kanden berüdür
Söyle ey ihvan dediler.

Düşme dünya mihnetine
Talip ol Hakk hazretine
Ab-ı Kevser şerbetine
Keşkülünü ban dediler.

Gördüğünü gözün ile
Beyan etme sözün ile
Andan sonra bizim ile
Olasın mihman dediler.

Çık semaha bile oyna
Silinsin pak olsun ayna
Kırk yıl bu kaanda kayna
Daha çiğsin yan dediler.

Behey abdal nedür halin
Hakk'a şükret kaldır elin
Kese gör gıybetten dilin
Her kulu yeksan dediler.

ŞAH HATAYİ imdi burda
Uğramış onulmaz derde
Mürşidin açınca perde
Gör seni mihman dediler

SERİM MEYDANDA MEYDANDA

Bugün erenlere kurban
Serim meydanda meydanda.
Bütün ikrar canım feda
Canım meydanda meydanda.

Kellemi koltuğma aldım
Kan ettim kapuna geldim
Ettiğime pişman oldum
Serim meydanda meydanda.

Yoktur çinarım timarım
Yoktur kalbimde gümanım
Al malım yarlığa canım
Dilim meydanda meydanda.

Mümine hulleler biçin
O kelp rakiplerden kaçın
Ben bülbülüm bir gül için
Zarım meydanda meydanda.

Mümin olan olur Veli
Veli olan olur gani
NESİMİ'yem yüzün beni
Derim meydanda meydanda.

VERECEK HALLERİM ÇOKTUR

Dost aşkına koy'n yanayım
Yanacak hallerim çoktur
Allah deyü ben döneyim
Dönecek hallerim çoktur

Durmasın yansın dil-ü cân
Gözüm yaşı olsun revân
Günahım andıkça figân
Edecek hallerim çoktur.

Bakıp esirgeyim bana
Derdim görüp kalmam tana
Gel diyecek Hakk'dan yana
Varacak hallerim çoktur.

Ne nz'ım var ne niyaz'ım
Muhammed'dir iki gözüm
Ayağı tozuna yüzüm
Sürecek hallerim çoktur.

SEYYİD SEYFİ an ölümü
Allah onara halimi
Kabr içinde sualimi
Verecek hallerim çoktur.

YA BEN NİCE DÖNMEYEYİM

Bir dertliyim derdim vardır
Ya ben nice dönmeyeyim.
Her dem işim âh-ü zardır
Ya ben nice dönmeyeyim.

Aşk odu yürekte yanar
Beni gören Mecnun sanar
Gök yüzünde ay gün döner
Ya ben nice dönmeyeyim.

Gel şekki gönlünden gider
Mü'minlerde inkâr n'ider
Melekler Arş'ı devreder
Ya ben nice dönmeyeyim.

Biziz ümmet-i Nâciler
Din yolunda duâcılar
Kâ'bede döner hacılar
Ya ben nice dönmeyeyim.

Bu sırra münkirler ermez
Dost yüzünü körler görmez
Çarh-ı felek döner durmaz
Ya ben nice dönmeyeyim.

Yeller eser deniz coşar
Irmaklar dağlardan aşar
Döne döne sular taşar
Ya ben nice dönmeyeyim.

SEYYİD NİZAM OĞLU tekdir
Münâfığın işi şekdir
Evvel âhir dönmek hakdır
Ya ben nice dönmeyeyim.

TEK BULAYIM MEVLAM SENİ

Aşkınla yak kül et beni
Tek bulayım Mevlâm seni.
Çiğnet yüzüm yol et beni
Tek bulayım Mevlâm seni.

Nûh gibi döndür ellere
Emr eyle söndür dillere
Düşürüp uzak yollara
Tek bulayım Mevlâm seni.

İbrahim'im nar et yerim
Mûsa gibi Tûr et yerim
İsa gibi dar et yerim
Tek bulayım Mevlâm seni.

Yusuf gibi Çah'a düşür
Ya'kûp gibi ağlat taşır
Aşkını başımdan aşır
Tek bulayım Mevlâm seni.

Biçtir beni çerçiş gibi
Yutsun balık Yûnus gibi
Âhımla yok Koknus gihi
Tek bulayım Mevlâm seni.

İki cihânın güneşi
Bağlardı bağrına taşı
Akıdıp gözümden yaşı
Tek bulaydım Mevlâm seni.

SEYYİD NİZAMOĞLU meded
Lûtfuna yoktur hiç aded
Diler şifâ ver dile dert
Tek bulayım Mevlâm seni.

KAPINA GELDİM HÜDA

Kapına geldim hüda
Rahmetten kılma cüda.
Nasip eyle yolunda
Can başı kılam feda.

Gayet çoktur günahım
Bin derdim var bir ahım
Hanedana bend eyle
Sensi pişti penahım.

Bildir cennette canım
Can içinde nihanım
Çar köşede görelim
Yüzün dinim imanım.

Çar köşede nurdasın
Tenler içre sırdasın
Aşıklar ayan görür
Mükirlere perdesin.

Perdesiz gören nurdur
Bilinmez özge sırdır
Muhibbi sadıkların
Yüzü bin canı birdir.

Bin ile bir olanlar
Canın aslın bilenler
Dört kapıyı Hakk bilir
Hakikata gelenler.

Hakikat bir ummandır
Muhabbeti candadır
Canlar içre can olan
Sırdır acep kandadır.

Muhabbetle yer alan
Dört kapıda bir olan
Küllü varından geçer
Can pazarına gelen.

Can paarı kân imiş
Lali hep mercen imiş
Hazne veren alamaz
Cana kıymet can imiş.

Can verip can alanlar
Bahrı aşka dalanlar
Âleme sultan olur
Bir ikrarda duranlar.

İkrar kadimi Hakk'tır
Mahluk görmez ıraktır
Dil ile olmaz imiş
Elde burhan gerektir.

Burhan olan Veli'dir
Ezelden ezelidir
Kimse sırrın anlmaz
Her ne duysa beli der.

Sırrını veren kişi
Cümle hibadır işi
Nefis için kul olan
Münkürdür atar taşı.

Nefs için gezen ittir
Bilmez özünü mattır
Taş atandan attıran
Vallah daha eşettir.

Hakikat özge şardır
Giren Hakk ile yardır
Sır edenlere nurdur
Sırrı açana nardır.

Arif olanlar Hakk'tır
Özünü bilen paktır
Herkesin hali ile
Sözünü veren Hakk'tır

Herkesi bir haliyle
Hakk'ı bulmuş fiylile
Arif ol söyle canım
Herkesin diliy ile.

Arifin aslı gevher
Nefesi ab-ı Kevser
Kabul eden nutkunu
Âleme olur Rehber.

Rehber Rah-ı Hüdadır
Cismin nuru Hüdadır
Yolda eğri gezenler
Daim Hakk'tan cüdadır.

Doğrudan kesme yolun
Sana malumdur halim
Hanedanın aşkına
Düşmüşüm sen al elim.

Kapına geldim Habib
Derdime sensin tabib
NOKSANİ'ye rahmetin
Şah'ım sen eyle nasip.

SENDEN MİDİR BENDEN MİDİR

Yandıklarım şâm-u seher
Senden midir benden midir.
Başımda ki aşk'dan eser
Senden midir benden midir.

Terkettiğim cân-u teni
Yoğ ettiğim hem ben beni
Her gördüğüm sanmak seni
Senden midir benden midir.

Bağrımda ki başım benim
Gözümde ki yaşım benim
Âh oldu yoldaşım benim
Senden midir benden midir.

Nâlânım erdi göklere
Düşmeli oldum dağlara
Erişdiğim bu çağlara
Senden midir benden midir.

SEYYİD NİZAMOĞLU'n sana
Al benliksiz senden yana
Sen ben sözü bilmem bana
Senden midir benden midir.

BUGÜN GÖRDÜM YÂRIMI

Bugün gördüm yârımı
Terkeyledim varımı.
Zarardan korkar idim
Şükür duydum kârımı.

Kârımı duydum bu dem
Secdegâhımdır âdem
Himmet edin erenler
Tarik-i Hakka gidem.

Hakk kapısı açıldı
Pirden dolu içildi
Mürvet deyip gelenin
Günahından geçildi.

Günahdangeçen Hakk'dır
Hakk'ın rahmeti çoktur
Pirinden kısmet alan
Her kiz acıkmaz tokdur.

Tok olanlar Ali'dir
Her ne duysa beli der
Hakk ile Hakk ollanlar
Dört kapıdan ganidir.

Gani ismullah imiş
Bab-ı Bismillah imiş
Lehmeke lehm olanlar
Cismi cismullah imiş.

Cismin aslıdır gevher
Nefestir ab-ı Kevser
Muhammed'dir pirimiz
Ali Veli'dir Rehber.

Rehberden bulduk Hakk'ı
Zehra yıldızı baki
Aşk dolusundan içtik
Kibriya oldu saki.

Saki lutf etti kahrı
Hasanla içtik zehri
Hüseyni Kerbelâ'dan
Gelir vilayet möhrü.

Möhür vurdu canıma
Girdik Hakk irfanına
Parelenip düşmüşüz
Zeynelin zindanına.

Zeynel zihnimiz açar
Bakır günahdan geçer
Cafer'e bende olan
Yedi deryadan içer.

Yedi derya sökülür
Hep ummana dökülür
Kâzım'ı Hakk bilenler
Dökülür hem sökülür.

Sökenler yoldan aza
Daim çekerler ceza
Mevalılar atası
Şah Ali Musi Riza.

Rıza'da gezen candır
Hep küfürler imandır
Taki Naki Askeri
Mehdi Sahip Zamandır.

Masumi pak on dörttür
Yürekten söyle derttir
Günahımı bağışla
El aman pir mürvettir.

NOKSANİ arz et halin
Pirden ayırma yolun
Pir kokusu güldedir
Bülbül tek olsun dilin.

SORAN OLMAZ

Bu aşk bir bahri ummandır
Buna hadd-ü kenâr olmaz.
Delilim sırr-ı Kur'an'dır
Bunu bilende âr olmaz.
Süre geldik ezeliden
Pirim Muhammed Ali'den
Şerâb-ı Lâ-yezâliden
İçenlerde humâr olmaz.
Eğer aşık isen yâre
Sakın aldanma ağyâre
Düş İbrahim gibi nâre
Bu gülşende yanar olmaz.
Kıyamazsan baş-u câna
Uzak dur girme meydâna
Bu meydânda nice başlar
Kesilir hiç soran olmaz.
Hakk ile Hakk olanlara
Kendi özün bilenlere
Dost yolunda ölenlere
Kan bahâsı dinar olmaz.
Bak şu Mansûr'un işine
Halkı üşürmüş başına
Ene'l Hakk'ın firâşına
Düşenlere timar olmaz.
SEYFULLAH sözünde mestdir
Şeyhinden aldığı destdir
Dîvâne-râ kalem mist'dir
Ne söylese kanar olmaz.

DİDARINDAN AYITMA

Gece gündüz niyazım var Hünkar'a
Al'evladı didarından ayırma
Erenler ilyası Şah-I Merdan'a
Al'evladı didarından ayırma

Yek nazarda gümle cihanı gören
Uhud'da Resulün carına erem
Kul olup sailin borcunu veren
Al'evladı didarından ayırma

Cümle Nebilerin Şah-ı server
Yedinci kat göğde göründü seri
Muhammed Mustafa dinin rehberi
Al'evladı didarından ayırma

Hatice Fatıma şefaat kânı
İmam Hasan yok et küllü noksanı
Şah Hüseyin şehitlerin Sultan'ı
Al'evladı didarından ayırma

İmam Zeynel çekti belayı kahrı
Muhammed Bakırdır velayet şehri
İmam Cafer ilmin hakikat bahri
Al'evladı didarından ayırma

Şah Musa-ı kâzim İmam Rıza
Taki, Naki,Asker imdat ver bize
Ya Muhammed Mehdi niyazım size
Al'evladı didarından ayırma

Sefil Ali'm uruh pervaz kılınca
Amel defterini ele alınca
Ya Muhammed divanına durunca
Al'evladı didarından ayırma

ŞAH'A DOĞRU GİDEN KERVAN

Şah'a doğru giden kervan
Çok ağlattın güldür beni
Düşmüşem elden ayaktan
Tut elimden kaldır beni

Tut elimden ferman eyle
Gel derdime derman eyle
Götür Şah'a kurban eyle
Öldür derse öldür beni

Tut elimden düşmeyelim
Doğru yoldan şaşmayalım
Yarem çoktur deşmeyelim
Şah'a böyle bildir beni

Arıydım baldan ayrıldım
Bir şirin dilden ayrıldım
Bülbüldüm gülden ayrıldım
Gülüstana kondur beni

Yandı **Kul Sefil**'in bağrı
Bu derde tay olmaz ağrı
Çek katarı Şah'a doğru
Öldüm sırra erdir beni

İLLA ZÜLFİKAR

Ol zaman kim aleme kıldı nazar perverdigar
Nur-i Ahmedden Ali nuru olupdur aşikâr
Verdi cebrail nida oldu cihana yadigar
Lâ feta illa Ali lâ seyfe illa Zülfikar.

Oldu çün nur-i Muhammed mahar-ı nur-u Hüda
Mürteza'dır âleme hem mukteza hem münteha
Ben ulûmun şehriyim dedi Aliyyün babuha
Lâ feta illa Ali lâ seyfe illa Zülfikar.

Ey münafık okumadın mı nedir penç-i Aba
Lahmike lahmi değil midir Aliyy-el Mürteza
Şanına nazil değil mi âyet âyet Hel-eta
Lâ feta illa Ali lâ seyfe illa Zülfikar.

Şîr-i Hakk'dır Mürteza sırr-ı Velâyet-dir Hasen
Mürteza'yı bilmeyip sen Harici olmak neden
Sen Ali'yi bilmedin ey Tanrısını bilmeyen
Lâ feta illa Ali lâ seyfe illa zülfikar.

Şah Hüseyn-i Kerbela aşkında kim oldu şehid
Keşte-i aşk-ı ilahidir ebed oldu said
Lanetullah Yezit oğlu dahi kavm-i Yezit
Lâ feta illa Ali lâ seyfe illa Zülfikar.

Gördülerkendi Ali'dir Şah Zeyn-el Abidin
Halk-ı alem dediler oldur İmam-ul müttakiyn
Sırr-ı Hayderden göründü nur-u Rabb-ül Âlemin
Lâ feta illa Ali lâ seyfe illa Zülfikar.

Bendesi oldunsa can ile Muhammed Bakır'ın
Zahirin pürnur olup mamur olupdur batının
Zahirinde batınında Mürtezadır zahirin
Lâ feta illa Ali lâ seyfe illa Zülfikar.

Ca-fer-i Sadıktan oldu ehl-i iman mezhebi
Milleti oldu Halilullah Muhammed meşrebi
Haydar-i Kerrar'dır halk-ı cihanın matlabı
Lâ feta illa Ali lâ seyfe illa Zülfikar.

Gûr-una lanetler olsun ol Yezid-i kâfirin
Mezheb-i imanına kaail değildir Caferin
Musa-i Kâzım değil mi nuru sırrı Hayderin
Lâ feta illa Ali lâ seyfe illa Zülfikar.

Sırr-ı Sultan-ı velayetti Ali Musa-i Riza
Dîde-i imanıyana hakipayı tutuya
Şah-ı salar-ı Acem nur-ı Aliyy-el Mürteza
Lâ feta illa Ali lâ seyfe illa Zülfikar.

Sırr-ı nur-i pak-i Ahmed'dir Muhammed ol Taki
Gel muhib ol Al-ü evlad'a şaki olma şaki
Hubb-i Hayderdir ibadat-ı Hudanın revnakı
Lâ feta illa Ali lâ seyfe illa Zülfikar.

Al-ü evladın adüvvü'dür Şaki ender şaki
Zad-ı uhradır muhabbet eylemek ey mütteki
Mürteza'nın nesl-i pakidir Ali vü ba Naki
Lâ feta illa Ali lâ seyfe illa Zülfikar.

İmam Hasan Askerî übn-i Ali'dir sevdiğim
Al-i Peygamber Veli-übn-i Velidir sevdiğim
Dinim imanım Muhammed'dir Ali'dir sevdiğim
Lâ feta illa Ali lâ seyfe illa Zülfikar.

Nâm-ı pakdir Muhammed ceddidir Resul
Mehdi-i Sâhib Zamâna muntazır ol mü'min ol
Hubb-i evlad-ı Ali vü Ahmed plmuşdur usûl
Lâ feta illa Ali lâ seyfe illa Zülfikar.

Ben **NİZÂMÎ OĞLU**'yum Âl-i Resûlün çâkeri
Bende-i Âl-i Abâ'yım Ehl-i Beyt'in kemter'i
Sevmezem Âl-i Yezid'i Câferi'yen Câ'feri
Lâ feta illa Ali lâ seyfe illa Zülfikar.

YARABBİ

Hatalarım bir değil de bin oldu
Affına sığındım affet Yarabbim
Belki isyan ettiğim günler de oldu
Affına sığındım affet Yarabbim

Yandımda kolayı zordan öğrendim
Yürüdüm ateşi nardan öğrendim
Aman dilemeyi dardan öğrendim
Affına sığındım affet Yarabbim

Yaşaması zordur yaşayan bilir
Kışı zemyeride üşüyen bilir
Bu yükü sırtında taşıyan bilir
Affına sığındım affet Yarabbim

Atılan taşlardan yaptım duvarım
Nefsim yargılarım şeytan kovarım
Hikmet Haktan derim elim ovarım
Affına sığındım affet Yarabbim

Evet dövdüm ama nefsimi dövdüm
Hamdettim ilahi tek seni övdüm
Sevmeyenleride ben camdan sevdim
Affına sığındım affet Yarabbim

Himmet Erenlerden olursa olur
Bir cümle melekler yardıma gelir
Gönülden bir dua yerini bulur
Affına sığındım affet Yarabbim

Ferman'ım derdimi arzdan acizim
Makbulüm derdimi farzdan acizim
Semalar çok yüksek arştan acizim
Affına sığındım affet Yarabbim

FERMAN ASLAN

BİÇTİMDE GELDİM

Ölmeden evveli kefen giydirdin
Hemi ölü idim hemde diriydim
Yokluk pazarında ben bir faniydim
Tenime kefeni biçtin de geldim

Daha yaşar iken canım göçürdün
Birlik makamına beni geçirdin
Hiçlik makamında dolu içirdin
Ölmeden kefenim biçtim de geldim

Birlik makamında üçe uğradım
Kendimi yokladım özümü buldum
Hakkın katarında badeler sundum
Ölmeden öleni gördümde geldim

Aşk nedir dediler o aşkı buldum
Meyli muhabbetten gıdamı aldım
Kendimi ararken özümü buldum
Hakikat babına geçtin de geldim

Gizli bir sırdır ki her cana denmez
Gel al deme ile her can alamaz
Çılgın'ım yolunda asla yorulmaz
Hakikat yoluna girdim de gel'dim

SEVİM ŞAHİN

REHBERİNİ BULMALI

Muhabbet cemine talip olanlar
Has müsahip rehberini bulmalı
Sevgiyle bağlanıp duva alanlar
Evvel baştan temizlenip yunmalı
İkrar verip özün çekerse dara
Düşersin o zaman ah ile zara
Yanar ateşlerin dönersin nara
Gönül sarayını mamur yaparsın
Küllü vardan geçip bir can olunca
Muhammed Ali divanına durunca
Gelme gelme dönme sözün duyunca
Canı baştan geçip kurban olmalı
Mürşit huzuruna sıtkile varan
Niyazı hak deyip kuşağın saran
Pirin söylediği nefesler kuran
Ölüp nuru hidayetten doğmalı
Edep erkân yolu Hakk'ın kapısı
Şeriat tarikat temel yapısı
Bu yola baş koyan kulun hepisi
Güruh Naci denen Şit'ten saymalı
Şah'ı Merdan Onikimam özümüz
Seven duyan cana budur sözümüz
Kendini bul tanı der Sultanımız
Hoş görülü sabır ile kalmalı
HAYDARİYEM geldik Hakk'a gideriz
Can amanet sahibine veririz
Hürü Gılman meclisini biliriz
Gonca güle bakıp ibret almalı

ALI HAYDAR İRFAN

MUHABBET GÜNLERİ OLDUĞU ZAMAN

Kömbeler yapılır tutulur cemler
Muhabbet günleri olduğu zaman
Dertler derman bulur içilir demler
Erenler erkânı olduğu zaman

Rızalık alınır küsler barışır
Zengin fakir olmaz lokma karışır
Allah nidaları arşa ulaşır
Gönüller birliği olduğu zaman

Hak erenler gelir açılır meydan
Kurulur mahkeme sorulur her can
Talibler hesabın verirler burdan
Pirin huzuruna durduğu zaman

Gönül birliğiyle ceme girilir
Erkan yürütülür canlar görülür
Muhip kendi vicdanında sorulur
Musahip cemleri olduğu zaman

Muhammed Alinin yolun sürerler
Dört can bir gömleğe ölüp girerler
Mürşidi Muhammed Ali bilirler
Mürşit huzuruna girdiği zaman

Edep erkân vardı dava olmazdı
Şeriat kadısın kimse bilmezdi
Goncalar sevgiyle açar solmazdı
Sevgi çeşmesinde yunduğu zaman

Böyle güzel Ali yolu süreği
Doğru gelen zayı olmaz emeği
Dertlilerin kabul olur dileği
Şaha teslim olup geldiği zaman

Sevgi pınarları çağlayıp akar
Küskünlük dargınlık aradan kalkar
Mahremi ağlayıp özünü yoklar
Pirin divanına geldiği zaman

MUHARREM KOÇER 21.03.2018

BİZ MÜRŞİT MEYDANINDA AĞLAMAYI ÖĞRENDİK

Biz mürşit meydanında ağlamayı öğrendik
Gözyaşları dökerek kirlerden temizlendik
Rahatladık aşk aldık lokma olup doğrandık
Biz mürşit meydanında sevgi ile bilendik

Günah sevap derdiyle uğraşmıyoruz artık
Allah'ın cemalinin özlemi yeter gördük
İnsanlığı bir bilip barışa gönül verdik
Biz mürşit meydanında suskun iken dillendik

Kulluğun manasını kul olmayan bilemez
Gönülden inanmayan eşiğe çul olamaz
Allah'ın boyasına boyanmayan ölemez
Biz mürşit meydanında kendimizi bulandık

Okumanın manasın gel de bir de bize sor
Kuran-ı natık ilmin kadimdir değişmez nur
Âdem'e secde kıldık Allah'ımız bizi yur
Biz mürşit meydanında ilim ile sulandık

Özer'im değerini her anının bilmeli
Sadakatla bağlanıp enginlere gelmeli
Neyzen çalar derinden yeter ki ney olmalı
Biz mürşit meydanında vakitleri dolandık

ÖZER KOÇER
29.07.2018

ÖLÜM KORKUSU

Olmaya gönülde nefret duygusu
Yok olur gidersin Hak huzurunda
Yaşarsan, daima ölüm korkusu
Azrail beklersin can boğazında

Sabreyleki dostum sevgi bulasın
Aşkın nurlarıyla Hakk'a varasın
Ömür kısa amel işe yarasın
Sevgi bağını kur kul arasında

Cimri olma herdem paylaş lokmanı
Bereketli olsun nimet harmanı
Derdini şifa bil budur lokmanı
Şifa Hak yoludur tur arasında

Âşık Hasan söyler beden yok serde
Ruhuyla dolaşır gönlü menzilde
Hakk'ın huzurunda yarın mahşerde
Hesap verecektir kul arasında

HASAN PAMUK

YÜZÜMÜ TABANAN SÜRSEM YA ALİ

Hak nasip eylese dergâha varsam
Birden divanına dursam Ya Ali
İnsem eşiğine niyaz eylesem
Yüzüm tabanına sürsem Ya Ali

Yüzümü tabanan sürdüğüm zaman
Zerrece kalbime getirmem güman
Ali'm Zülfikarı çaldığı zaman
Yanınca Kamber'in olsam Ya Ali

Kamber gibi her hizmetin bildirsem
Her dem ağlatsan da bir dem güldürsen
Çekip Zülfikar'ı beni öldürsen
Kesmem eteğinden elim Ya Ali

Çeker miyim eteğinden elimi
Hak kıtında Kabul ettim ölümü
Doğru sürelim evliyanın yolunu
Mümin kullarını sevsem Ya Ali

Mümin olan neresinden bellidir
Haklı söyler nefesinden bellidir
Erenlerin yolu gonca güllüdür
Tomurcuk güllerin dersem Ya Ali

Mümin olan müslimini getirse
Getirse de Hak cemine yetirse
Dizi dize verse irfan otursa
Doyumca yüzüne baksam Ya Ali

Pir Sultan Abdal'ım gelsem de dursam
Senin cemalini canlarda görsem
Uğuruna bin kez canımı versem
Yarın fırsat elden gider Ya Ali

OLMASAYDI

Bir araya gelemezdik
Dostluk bağı olmasaydı
İlim irfan bilemezdik
Kâmil mürşit olmasaydı

Bedende dolaşan kana
Varalım Şah'a Sultan'a
Gelmezdi bülbül figana
Gül gülüstan olmasaydı

Çaylar ırmaklar akmazdı
Can cananı bulamazdı
Muhabbet tadın vermezdi
Resulullah olmasaydı

Kur'an'ı Natıktır sözün
Dört anasır senin özün
Çıkmazdı aşkın avazın
Şah'ı Merdan olmasaydı

HAYDARİYEM sevemezdik
Bu günleri göremezdik
Gerçek sözü duyamazdık
Telli kuran olmasaydı.

ALİ HAYDAR İRFAN

GÖRMEK İSTEDİM

Kulaklarim duydu seda
Bir gidip görmek istedim
Hayran oldum hoş avaza
Yakın olup haz dinledim

Çekti ruhun nur oraya
Mah cemala baka kaldım
Düştüm yürekten sevdaya
Doğrulupta kalkamadım

Hikmetini okumaya
İçten içe düşe daldım
Duygusallık bırakmaya
Gerçek zordur bulamadım

Sevgi saygı riks almaya
Ölçtüm biçtim tarttım kendim
Aşık odur hor bakmaya
Zor içinde zor anladım

Arı horu çaldım taşa
Hicap nedir bırakmadım
Başım uzattım hızara
SAİM zora utulmadım

SAİM CEYLAN

YARİMİZ BİZE YETER

Dünyaya boşa gelmedik, bir gayemiz var bizim
Kesret içinde vahdetiz, birimiz bize yeter
Yol uludur yol uğruna, durduğumuz dar bizim
Kovanını sırdan yapan, arı'mız bize yeter

Dost gönlüne sevdalıyız, sazımız çalar daim
Mürşidi kâmil eleği, elinde eler daim
Sermayemiz serçeşmeden, kabımız dollar daim
Muhabbetten gıdamız var, kârımız bize yeter

Has bahçenin bahcıvanı, soldurmaz güllerini
Mevlam herin bal eylesin, ağzında dillerini
Allah sahibine versin, cümle güzellerini
Sevdiğine kurban olan, yârimiz bize yeter

Bir derde düşmüşüz ki, Hallaç ki cila diyor
Cefasıda sefasıda, âlâdan âlâ diyor
Arı olan her canlılar, kul oldum kula diyor
Güle figan ettiğimiz, zarımız bize yeter

PERDESİZİM barış için, zaman yarış zamanı
Hakka niyaz edenleriz, birlik olsun tamamı
Yolumuzun pusulası, mazlumların İmamı
İmam Hüseyin gibi pak, pirimiz bize yeter

KÂMİL GÜNDÜZ

MAİL OLMUŞTUR

Âşık meyil vermez dünya malına
Manaya erince mail olmuştur
Hamlıktan haslığa ermek kolay mı?
Lakin Mürşit ile birlik olmuştur

Deli gönül aşk atına binince
Gönül gözü Hak didarı görünce
Senlik benlik nedir sona erince
Tam oraya Tanrı aşkı dolmuştur

Aşkı vicdan terazisi biliriz
Gözlerimiz kefesidir görürüz
Hakta yok oluruz yoktan geliriz
Kemaletten doğmak böyle olmuştur

Müşit gerçek olmalıdır fehmetsin
Nefsin terbiyesin versin sulh etsin
Dilsizlerin dili olsun Hakk etsin
Bakın görün bilmeyenler nolmuştur

Yanar bu **KUMRU**'nun türlü odları
Gönlüne getirmez asla yadları
Aşk sevgi muhabbet zuhuratları
Buda dosttan bize nida olmuştur

GÜRCÜ İŞLEYEN DOĞAN

MÜMİN KULLARINDAN EYLE

Dikeniyle sever gülü
Aşk ile öter bülbülü
Kindar değil hoş görülü
Mümin kullarından eyle
Ahlak güzel olsun baştan
Yedirme leş haram aştan
Hoşlandır atılan taştan
Mümin kullarından eyle
Ehl-i Beyti sevenlerden
Nasip almış erenlerden
Canana can verenlerden
Mümin kullarından eyle
Aşık olupta uyanan
Pirin rengine boyanan
Kime baksa kendi sanan
Mümin kullarından eyle
Tüm dünyayı barıştıran
Ayırmayıp sarıştıran
İnsanlıkta yarıştıran
Mümin kullarından eyle
Açlara ekmeğin bölen
Ölmeden evveli ölen
İnsan gidip insan gelen
Mümin kullarından eyle
KUL ALİ HÜ ümüdüm var
Bahar gelir eritir kar
Kâmil olup halka yarar
Mümin kullarından eyle

ALİ GÜVENÇ

KAYNAKÇA

1- Abdülbaki Gölpınarlı - Kur'an-ı Kerim, Elif Kitabevi 2. Basım, 2003 İst.
2- Adil Ali Atalay (Vaktidolu) - Virani Divanı, Can Yayınları 1998 İst.
3- Adil Ali Atalay (Vaktidolu) - Anadolum-Anadolum, Can Yayınları, 1975 İst.
4- Adil Ali Atalay (Vaktidolu) - İmam Cafer-i Sadık Buyruğu, Can Yayınları 10. Basım 2000 İst
5- Adil Ali Atalay (Vaktidolu) - Gel Kendine Deli Gönül, Can Yayınları, 6. Basım 1997 İst.
6- Adil Ali Atalay (Vaktidolu) - Noksani Baba, Can Yayınları, 4. Basım 1997 İst.
7-Adil Ali Atalay (Vaktidolu) Kur'an'ı Kerim Manzum Meali ve tevsir özeti Can Yayınları. 2. Basım 2010 İst.
8-Adil Ali Atalay (Vaktidolu) Seçme Hadisler Can Yayınları 2000 İst.
9-A. Celalettin Ulusoy - Hünkâr Hacı Bektaş-ı Veli veAlevi Bektaşi Yolu, 2. Basım 1986 Hacı Bektaş
10- Ahmet Özerdem - Sadık Baba, Anadolu Mat. 1996 İst.
11- Ali Bulaç - Kur'an-ı Kerim ve Türkçe Anlamı, Bakış Yay. 1985 İst.
12- Ayntabi Mehmet Efendi - Kur'an-ı Kerim ve Açıklamalı Yüce Meâli, Huzur Yayınevi İst.
13- Cahit Öztelli - Bektaşi Gülleri, Özgür Yayın Dağıtım, 2. Basım 1985 İst.
14- Derviş Muhammed - Divanı Şahkulu, Sultan Yay. 2. Basım 1993 İst.
15- Doç Dr. Bedri Noyan - Dede Baba Kur'an-ı Kerim, Ardıç Yayınları 1997 Ankara
16- Doç Dr. Bedri Noyan - Bektaşilik Alevilik Nedir, Ant/Can Yayınları, 2. Basım 1995 İst.
17- Elmalılı Hamdi Yazır - Kur'an-ı Kerim ve Meâli, Bahar Yayınları 1998 İst.
18-Gürani Doğan Cem Zakirlik Can Yayınları 1998 İst.-
19- Halil Öztoprak - Kur'an'da Hikmet Tarihte Hakikat, Kur'an'da Hikmet İncil'de Hakikat, Can Yayınları, 4. Basım 1990 İst.
20- Haydar Kaya - Müsahiplik, Engin Yay. 1989 İst.Haydar Kaya - Bektaşi İlmihali, 1989 Manisa
21- İbrahim Aslanoğlu - Kul Himmet, Ekin Ajans 1997 İst.
22- İbrahim Aslanoğlu - Kul Himmet Üstadım, Can Yayınları, 3. Basım 2001 İst.
23- İmam Oral - İslam Aleminde Zeka Geriliyor, Can Yayınları 2003 İst.

24- İsmail Hakkı İzmirli - Kur'an-ı Kerim ve Türkçe Anlamı, Eren Yay. İst.
25- İsmail Onarlı - Alevilik'te Cem ve Musahiplik Nedir, Karacaahmmet Sultan Derneği Yayınları 2003 İst.
26- İsmet Zeki Eyüboğlu - Bütün Yönleriyle Bektaşilik, Der Yay. İst.
27- Lütfi Kaleli - Binbir Çiçek Mozaiği Alevilik, Can Yayınları 4. Basım 2003 İst.
28- M. Tevfik Otyam - Bektaşiliğin İçyüzü, Maarif Kütüphanesi ve Mat. A.Ş. İst. MCML XXXVIII
29- Mehmet Yaman - Alevilik'te Cem, Can Yayınları 2003 İst.
30- Mustafa Atalay - On İki İmam Ali Ali, Erzincan 1862-1954, Adil Ali Atalay Arşivi İst.
31- Mücrimi - Yürüyüp Gitmeye Yolu Düz Gerek, Elbistan 20. y.y. Adil Ali Atalay Arşivi İst.
32- Ömer Uluçay - Alevilik'te Dua-Gülbang, Gözde Yay. 4. Basım 1998 Adana
33- Prof. Dr. Fuat Bozkurt - Buyruk, Anadolu Mat. 1982 İst.
34- Prof. Dr. Yaşar Nuri Öztürk - Kur'an'ın Öğrettiği Dualar, Yeni Boyut Yayını 8. Basım 2001İst.
35- Prof. Dr. Yaşar Nuri Öztürk - Kur'an-ı Kerim Meâli, Yeni Boyut Yayını - Türkçe Çeviri - 123. Basım 2001 İst.
36- Sefer Aytekin - Buyruk, Emek Mat. 1955 Ankara
37- Sultan Atalay - Derdimin Dermanı Sende Dediler, 1896-1993 Erzincan, Adil Atalay Arşivi İst.
38- Şemsettin Yeşil - Füyüzat, 7. cilt İst.
39- Şevki Koca - Dursun Gümüşoğlu Harabi Divanı, Can Yayınları 2003 İst.
40- Şinasi Koç - Allah İnsanlardan Ne İstiyor, Güven Mat. 1989 Ankara
41- Veli Kambur - Sana Sığındım, Adil Ali Atalay Arşivi İst.
42- Zeynel Abidin Cümbüş - Aşkın Anahtarı, İst.